Harry Potter™

ZEICHENSCHULE

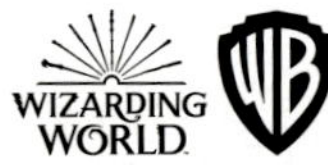

Harry Potter: Zeichenschule
Deutschsprachige Ausgabe 2022 durch die Panini Verlags GmbH,
Schloßstraße 76, 70176 Stuttgart
Verlagsleitung: Gabriele El Hag
Chefredaktion: Nicole Hoffart
Redaktion: Eva-Regine Rauch
Übersetzung: Barbara Knesl
Lektorat: Claudia Weber
Produktion: Print Company Verlagsges.m.b.H.
Umschlaggestaltung: tab indivisuell, Stuttgart
Manufactured in China by Thunder Bay Press
ISBN 978-3-8332-4201-4
www.paninishop.de

Die Deutsche Nationalbibliothek verzeichnet diese Publikation in der Deutschen Nationalbibliografie; detaillierte bibliografische Daten sind im Internet über http://dnb.d-nb.de abrufbar.

Englische Originalausgabe 2022
Thunder Bay Press
An imprint of Printers Row Publishing Group
A division of Readerlink Distribution Services, LLC
9717 Pacific Heights Blvd, San Diego, CA 92121
Publisher: Peter Norton
Associate Publisher: Ana Parker
Art Director: Charles McStravick
Senior Developmental Editor: Diane Cain
Editors: Jessica Matteson, Sara Maher
Production Team: Rusty von Dyl, Beno Chan, Mimi Oey

Text, Illustrationen und Design von
Creative Giant, Inc. www.creativegiant.net
Mike Thomas, Chris Dickey
Text von Steve Behling
Illustrationen von Corina St. Martin

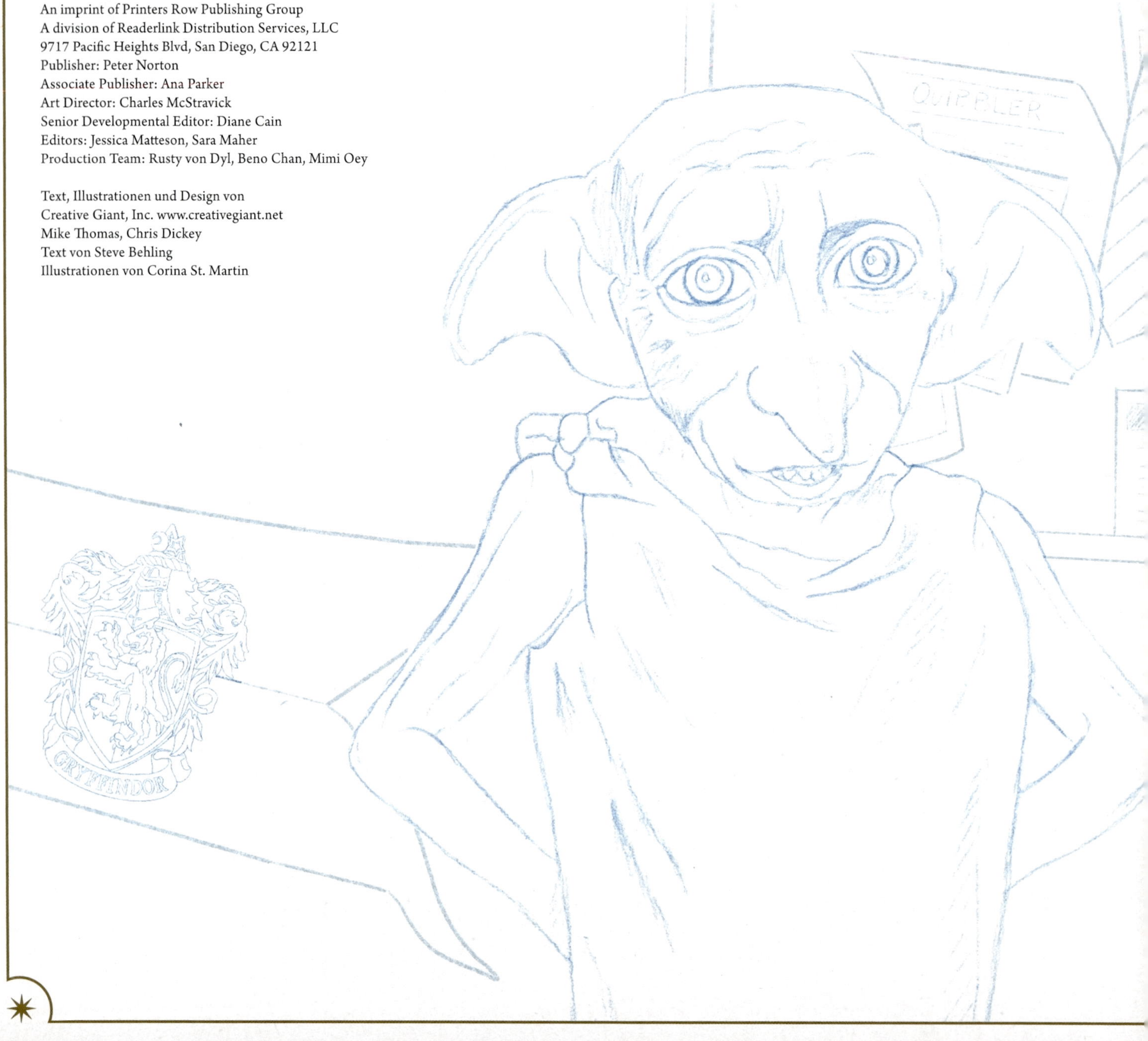

Harry Potter™

ZEICHENSCHULE

PANINI BOOKS

INHALT

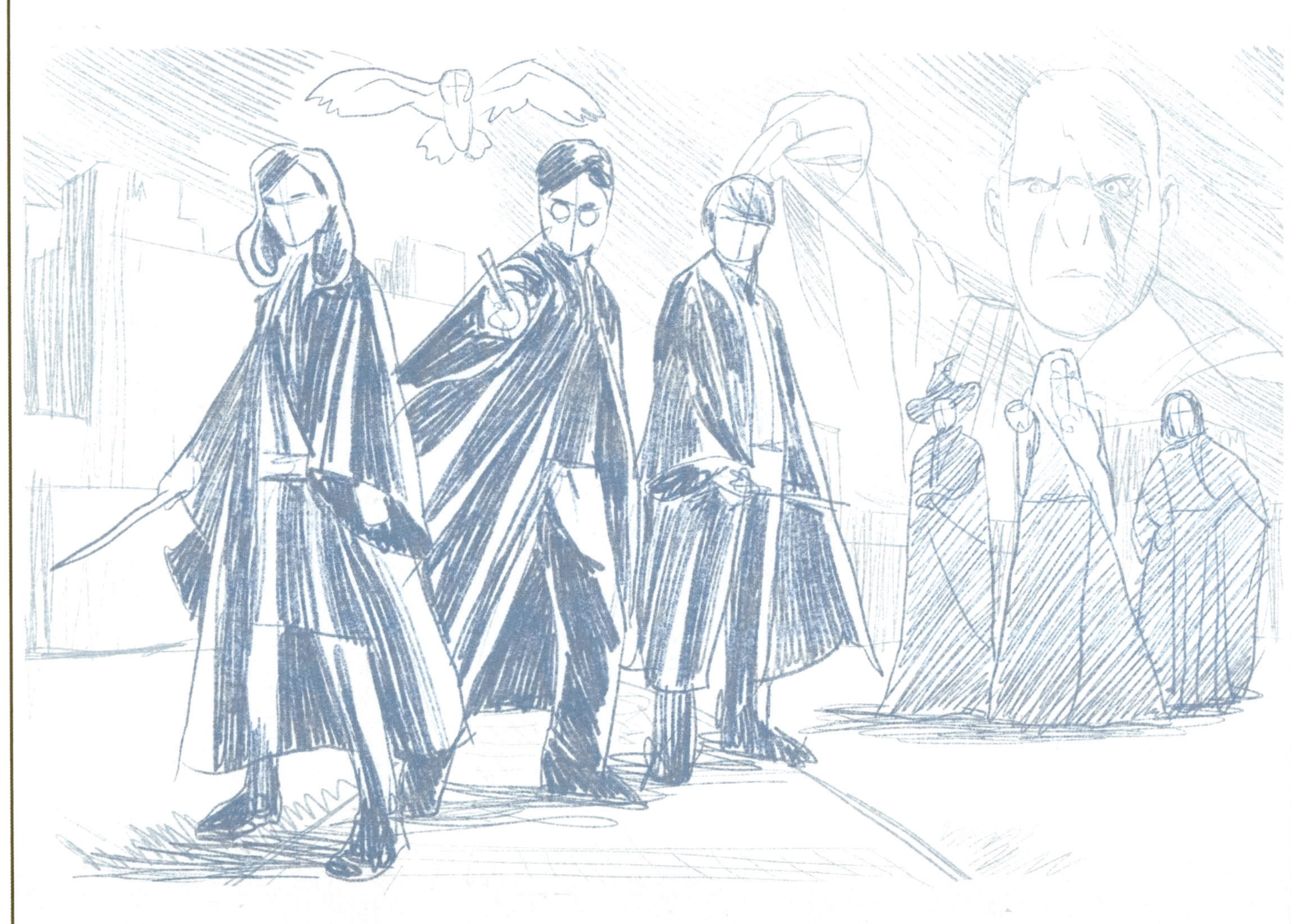

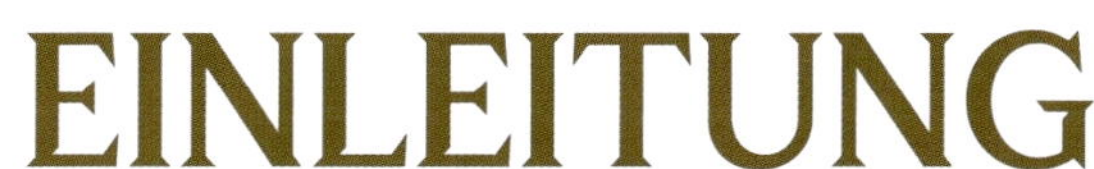

EINLEITUNG

„Du bist ein Zauberer, Harry.“

RUBEUS HAGRID, HÜTER DER SCHLÜSSEL
UND LÄNDEREIEN VON HOGWARTS

Mit diesen Worten erfuhr der 11-jährige **Harry Potter**, dass er der Zauberwelt angehörte – einer staunenswerten Welt, in der er Freunde fürs Leben findet, sich aber auch Gefahren stellen muss wie noch nie ein Zauberer oder eine Hexe zuvor!

Zu Beginn seines ersten Schuljahrs lernt Harry **Hermine Granger** und **Ron Weasley** kennen. Schnell schließen die drei Freundschaft und werden an ihrem ersten Abend an der Hogwarts-Schule für Hexerei und Zauberei vom Sprechenden Hut dem Haus Gryffindor zugeteilt.

Unter Aufsicht des Schulleiters **Albus Dumbledore** erhalten Harry, Hermine und Ron Unterricht von Lehrern wie der strengen, aber verständnisvollen **Minerva McGonagall** und dem ebenso strengen, aber weniger verständnisvollen (und ungemein ruppigeren) **Severus Snape**. Im Laufe der Zeit macht Harry Bekanntschaft mit allen Arten von magischen Geschöpfen und Tierwesen wie der hilfsbereiten Schneeeule **Hedwig**, dem wohlmeinenden Hauselfen **Dobby** und dem eigenwilligen Hippogreif **Seidenschnabel**.

Immer wieder stoßen Harry und seine Freunde auf Schwierigkeiten und müssen sich Gefahren stellen, bei denen jeder Muggel (also jede nichtmagische Person) das Weite suchen würde! Von der Öffnung der Kammer des Schreckens bis zur Rückkehr von Ihm, dessen Name nicht genannt werden darf (auch bekannt als **Lord Voldemort**), müssen Harry und Co. ihr ganzes magisches Können aufbieten, um die Schulzeit zu meistern.

EINLEITUNG

Nun liegt die Magie in deinen Händen: Erwecke Harry, Hermine, Ron und weitere alte Bekannte aus Hogwarts mit ein paar geschickten Bleistiftstrichen zum Leben. In jedem Kapitel stellen wir dir eine neue Figur vor und verraten in Schritt-für-Schritt-Anleitungen, wie du sie zeichnen kannst. Dazu gibt es hilfreiche Tipps in der Rubrik „Gewusst, wie!". Außerdem erfährst du, wie du zu den Figuren passende Hintergründe zeichnest und die Charaktere in die jeweilige Szenerie einbettest.

Ach ja – wir sollten es vielleicht besser nicht verraten, aber du lernst auch, Ihn, dessen Name nicht genannt werden darf, zu zeichnen. Also leg los und tauche ein in eine Welt wie keine andere. Schnapp dir dein Ticket und ab geht's zu Gleis neundreiviertel. Wir wollen ja schließlich nicht den Hogwarts-Express verpassen!

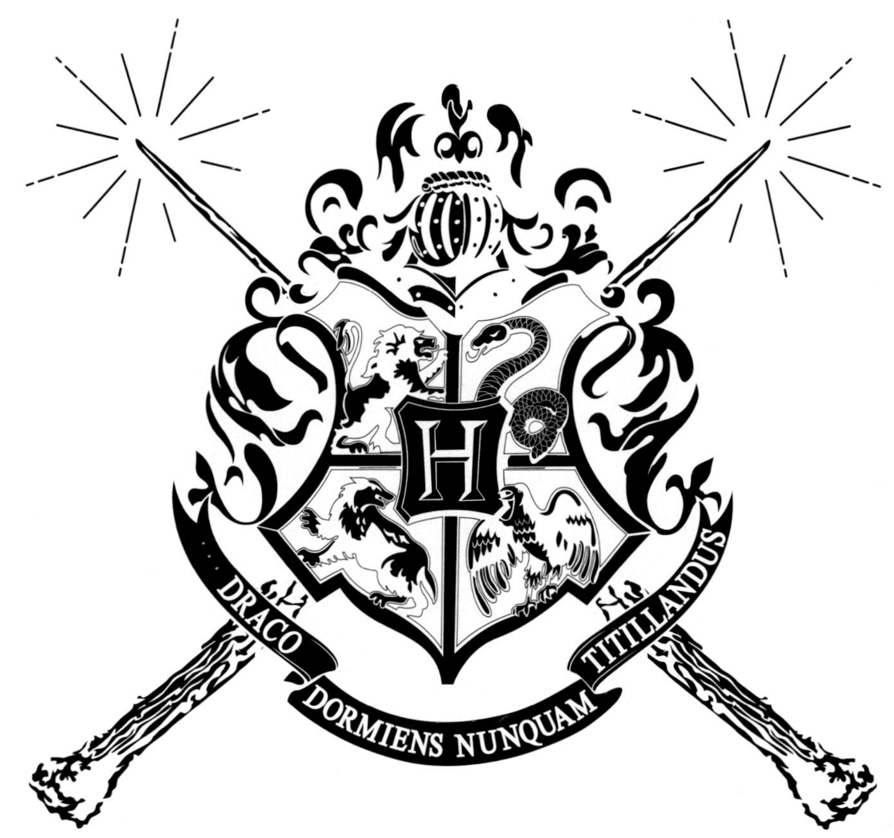

AUSSTATTUNG

Über den richtigen Zauberstab brauchst du dir bei Ollivander zwar keine Gedanken zu machen (schließlich sucht sich der Zauberstab ja den Zauberer), aber fürs Zeichnen musst du dir sehr wohl ein paar Utensilien besorgen. Geschäfte für Zeichenbedarf mögen auf den ersten Blick nicht sonderlich spektakulär wirken, aber du wirst sehen, dass die meisten nur so vor Magie sprühen. Je mehr du im Folgenden über das Werkzeug erfährst, desto mehr Zeit wirst du in einem Fachgeschäft für Künstlerbedarf verbringen wollen. Oft kannst du die verschiedenen Utensilien vor dem Kauf ausprobieren und sehen, wie sie in der Handhabung sind. So findest du garantiert das Passende für dich.

Als Grundausstattung solltest du dir ein Sortiment an Bleistiften, einen Bleistiftspitzer, ein paar gute Radierer und ein Lineal zum Zeichnen gerader Linien zulegen.

Was Bleistifte betrifft, solltest du einen mit dem Härtegrad HB zur Hand haben (wie du ihn auch in der Schule benutzt). Doch auch ein paar andere Bleistifte können von Nutzen sein. Der Härtegrad der Mine ist in H (für „Hart") und B (für „Black" = „Schwarz") angegeben. Je härter die Mine, desto heller die Linie. Je weicher die Mine, desto dunkler die Striche. Halte den Bleistift locker und drücke ihn leicht auf das Papier. So verhinderst du, dass die Spitze bricht und du dauernd nachspitzen musst!

Apropos Spitzen, es gibt alle möglichen Arten von kleinen Spitzern. Am besten besorgst du dir gleich mehrere Exemplare, da man sie leicht verlegt. Beim Lineal ist eine Standardlänge von 30 cm völlig ausreichend (für größere Papierformate empfiehlt sich eine Länge von 50 cm).

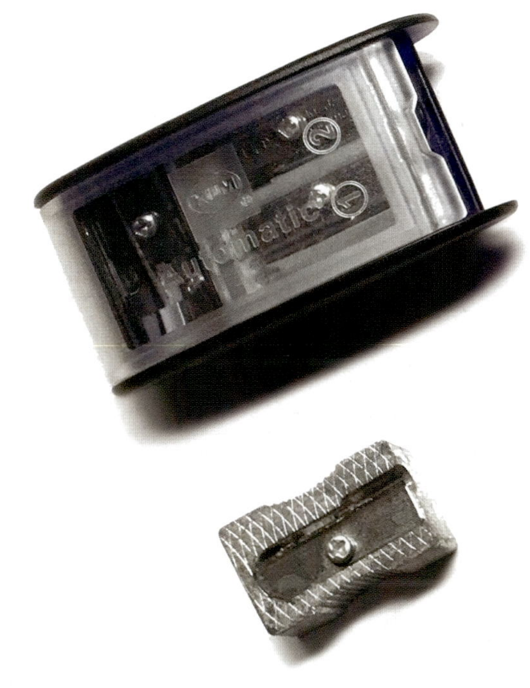

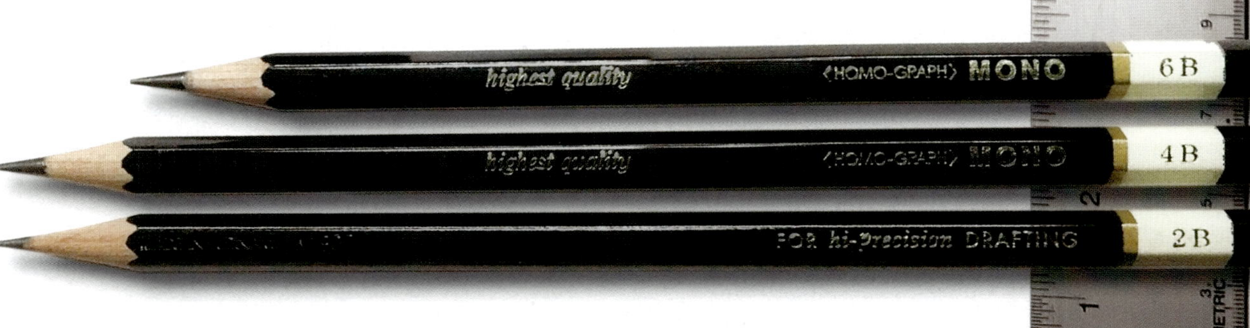

AUSSTATTUNG

Da du hier lernst, wie man Figuren aus dem Harry-Potter-Universum zeichnet, bist auch du sozusagen ein Schüler (nur dass du dir keine Gedanken machen musst, welchem Haus du zugeteilt wirst). Und als Schüler macht man hie und da eben Fehler. Zum Glück gibt es für solche Fälle aber Radiergummis. Viele Künstler bevorzugen einen Knetradierer. Zunächst sieht er wie ein fester Block aus, aber durch Kneten wird er wunderbar geschmeidig und beseitigt Bleistiftlinien, ohne Krümel zu hinterlassen. Und da sich der Radierer in jede beliebige Form bringen lässt, gelangt man damit in jeden noch so kleinen Winkel.

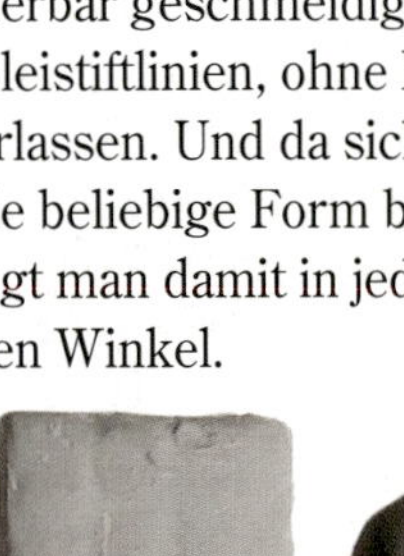

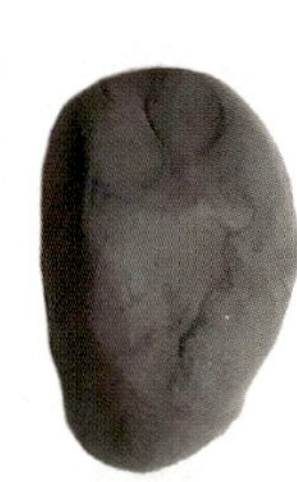

Dieses Buch enthält auch Skizzenblätter, auf denen du am besten gleich deine ersten Zeichenschritte versuchst. Wenn du aber keinen Vervielfältigungszauber drauf hast, wird das Papier bald nicht mehr ausreichen. Dann kannst du weißes Druckerpapier aus dem Bürofachhandel verwenden. Oder du legst dir zusammen mit den Bleistiften im Fachhandel gleich einen Skizzenblock zum Üben zu. Wenn du besonders anspruchsvoll bist, kannst du dir auch hochwertigeres Papier im Kunstfachhandel besorgen.

Was letztlich aber am meisten zählt, sind deine Begeisterung und der Spaß am Zeichnen. Das solltest du beim Üben nie vergessen!

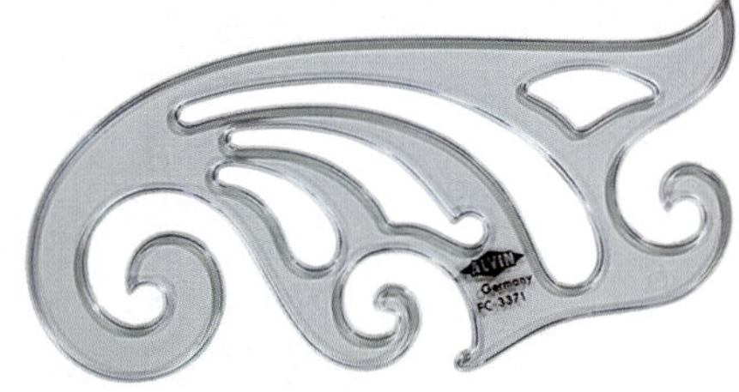

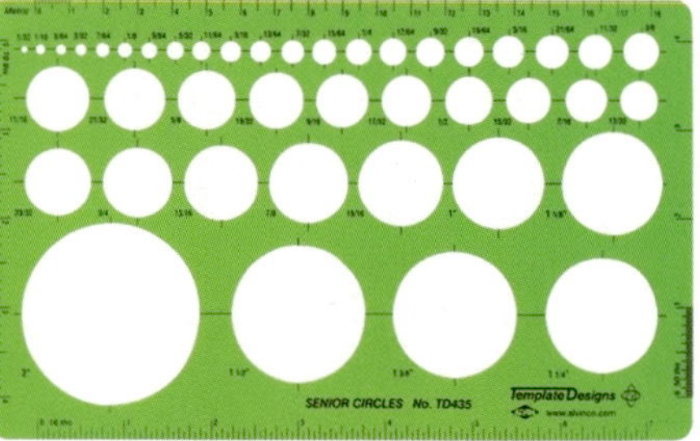

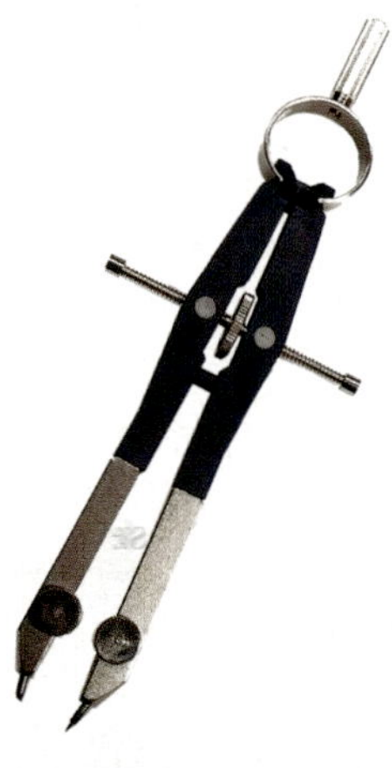

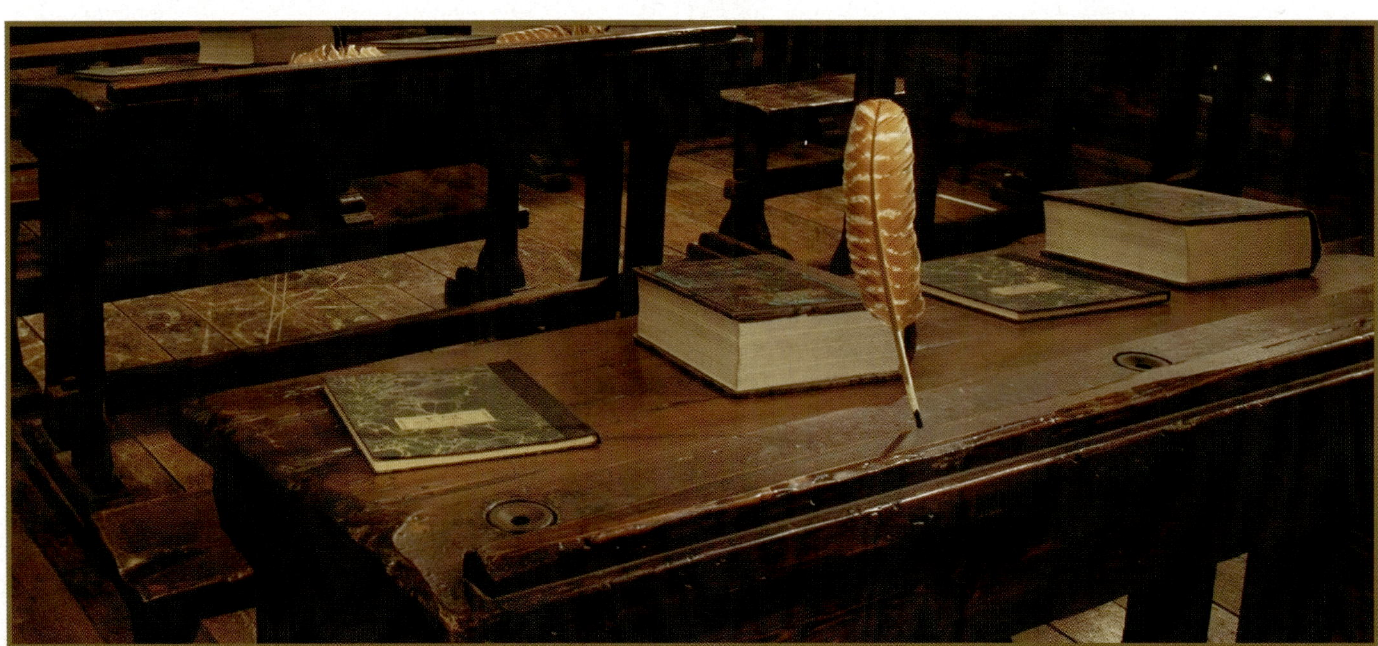

HARRY POTTER

Als Harry Potter noch ganz klein war, tötete Lord Voldemort Harrys Eltern und versuchte auch, den Jungen zu ermorden. Warum? Weil einer Prophezeiung zufolge der Junge eines Tages Voldemort bezwingen würde! Harry überlebte den Anschlag jedoch und wuchs bei Petunia Dursley, der Schwester seiner Mutter, auf. Das Leben bei den Dursleys war alles andere als unbeschwert, und Harry wusste nichts von seiner magischen Abstammung. Als er elf Jahre alt war, erhielt er eine Einladung zum Schuleintritt in die Hogwarts-Schule für Hexerei und Zauberei. Dort wurde er dem Haus Gryffindor zugeteilt und schloss Freundschaft mit Hermine Granger und Ron Weasley. Sein ungeheures magisches Talent und sein reines Herz haben ihn zu einem Zauberer gemacht, auf den man stets zählen kann.

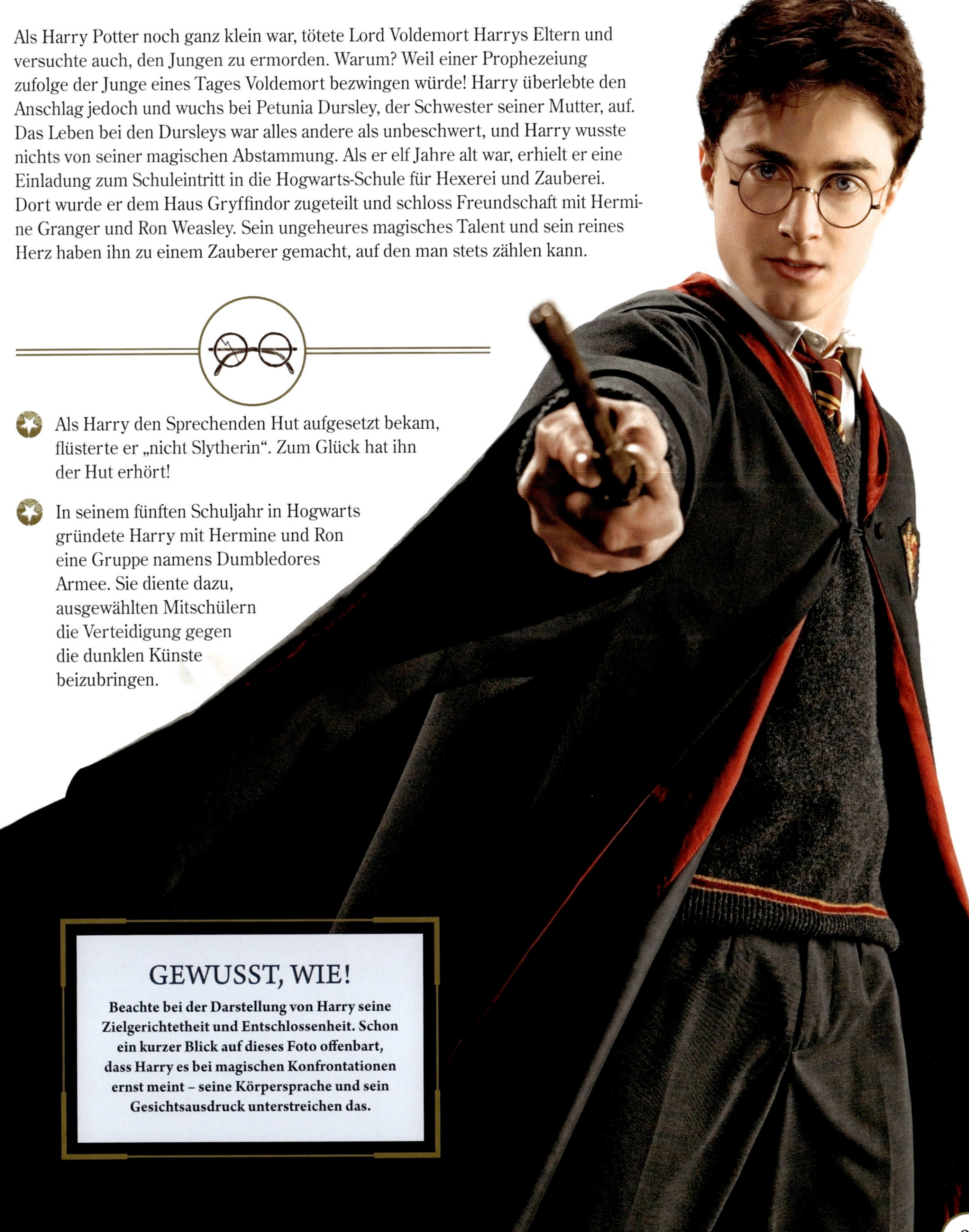

- Als Harry den Sprechenden Hut aufgesetzt bekam, flüsterte er „nicht Slytherin". Zum Glück hat ihn der Hut erhört!
- In seinem fünften Schuljahr in Hogwarts gründete Harry mit Hermine und Ron eine Gruppe namens Dumbledores Armee. Sie diente dazu, ausgewählten Mitschülern die Verteidigung gegen die dunklen Künste beizubringen.

GEWUSST, WIE!

Beachte bei der Darstellung von Harry seine Zielgerichtetheit und Entschlossenheit. Schon ein kurzer Blick auf dieses Foto offenbart, dass Harry es bei magischen Konfrontationen ernst meint – seine Körpersprache und sein Gesichtsausdruck unterstreichen das.

GRUNDGERÜST

Zunächst einmal musst du Harrys Pose festlegen. Dafür haben wir uns an dem Bild von der vorherigen Seite orientiert. Wir behelfen uns vorerst mit einem Strichmännchen. Die Kreise deuten die rechte Schulter und die Knie an. Achte auf den Winkel von Schultern und Hüften. Dies sorgt für einen dynamischen Eindruck, als ob Harry kampfbereit sei. Skizziere auch Harrys schwingenden Umhang.

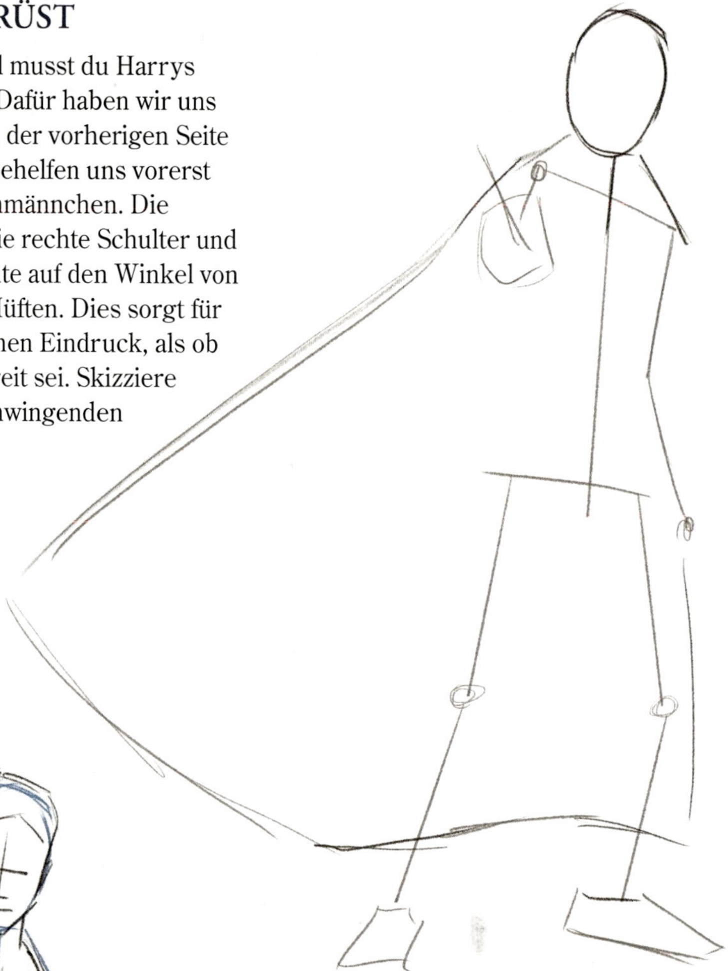

FORMGEBUNG

Nun kommen die Grundstruktur und die Form der Figur hinzu. Betrachte die Striche von der vorherigen Skizze als „Skelett" und arbeite die Form von Harrys Körper mit einigen Strichen heraus. Skizziere auch den Haaransatz auf Harrys Kopf und seine Gesichtszüge.

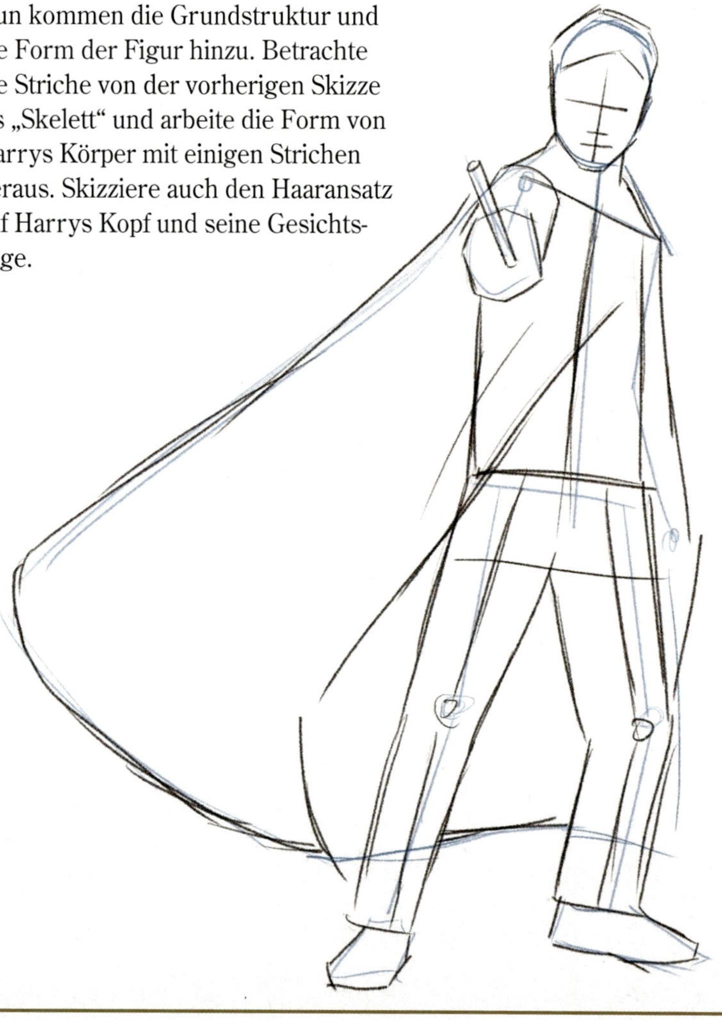

GEWUSST, WIE!

In dieser Anfangsphase solltest du dir keine großen Gedanken darüber machen, ob deine Zeichnung perfekt ist. Das ist vorläufig nebensächlich. Du sollst bloß die Bewegung deiner Figur sowie deren Körpersprache festlegen und darauf achten, dass alle grundlegenden Elemente deiner Zeichnung vorhanden sind – in diesem Fall also Harry, der fest entschlossen seinen Zauberstab hält und bereit ist, sich gegen eine unsichtbare magische Gefahr zur Wehr zu setzen. Es geht nicht darum, wie schön deine Zeichnung ist, sondern darum, zu zeigen, was deine Figur gerade tut.

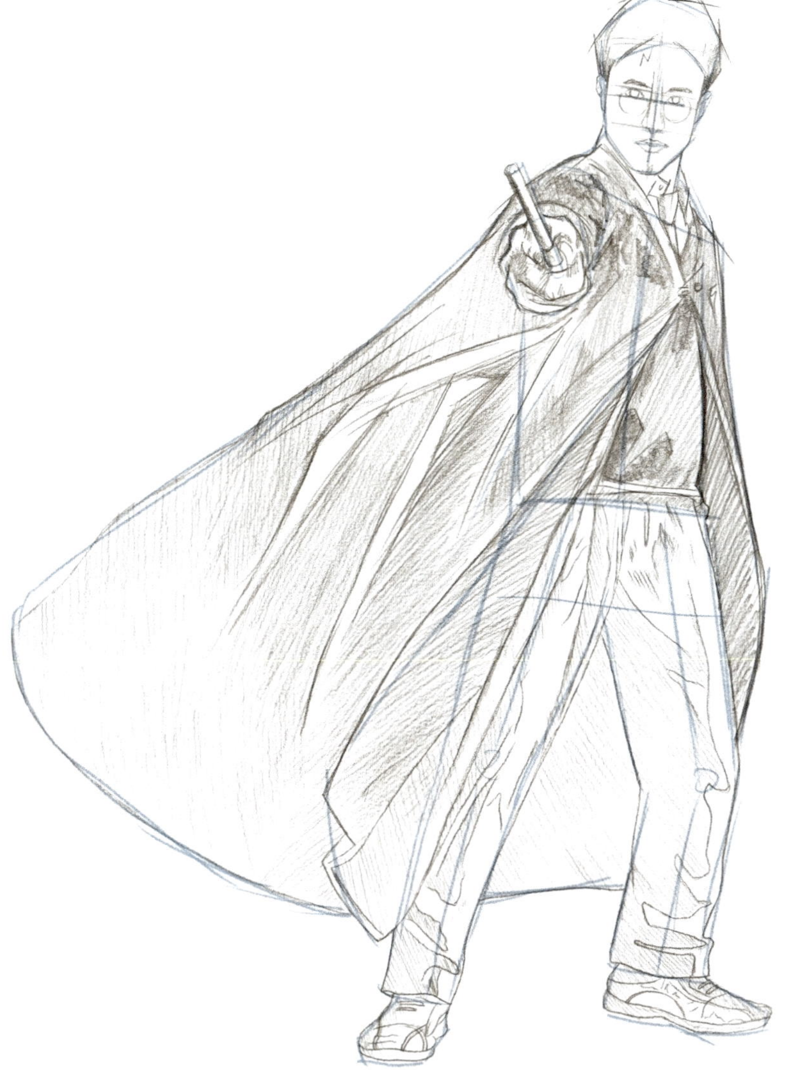

AUSARBEITUNG

Nun, da du eine Grundfigur hast, kannst du sie mithilfe von Details zum Leben erwecken. Skizziere, was Harry trägt – seine Brille, seine Schuluniform, seinen Gryffindor-Umhang – und deute die Falten in seiner Kleidung an. Vergiss auch die Narbe nicht (mehr dazu bei den Gesichtsdetails)!

GEWUSST, WIE!

Die Veränderungen zu den Skizzen der vorherigen Seiten werden immer deutlicher erkennbar. Das Strichmännchen sieht allmählich nach Harry Potter aus! Beim Zeichnen des Gesichts solltest du das Foto ganz genau betrachten, damit du das Wesentliche der Figur erfasst. Achte genau auf den Bereich zwischen den Augen und den Schläfen. Die gezeichnete Person kann sehr seltsam aussehen, wenn der Abstand zwischen den Augen zu groß oder zu klein ist. Achte auch darauf, dass die Linie zum Andeuten der Augen auf den Ansatz der Ohren abgestimmt ist.

GESICHTSDETAILS

Sieh dir Harrys Gesicht genauer an. Skizziere die Augen, die Augenbrauen, die Nase und den Mund mithilfe der Grundstruktur, die du im Schritt „Formgebung" gezeichnet hast. Achte besonders auf die blitzförmige Narbe auf Harrys Stirn, die von Lord Voldemort stammt.

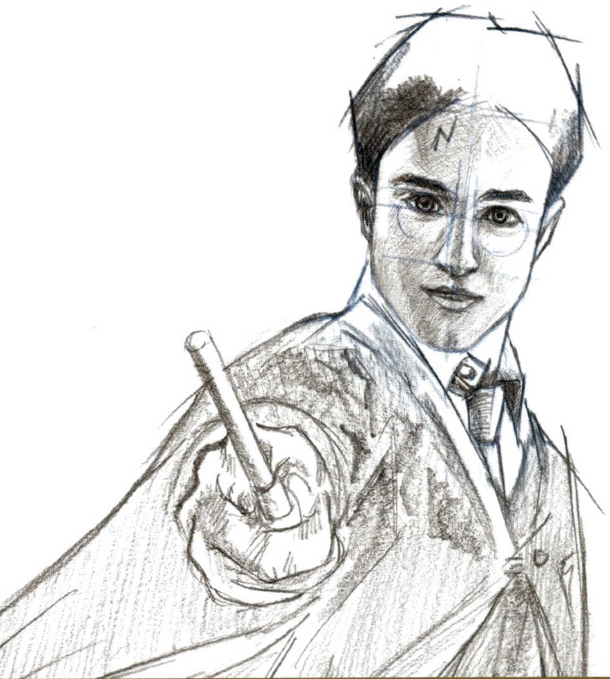

KÖRPERDETAILS

An dieser Stelle kannst du einige Striche der Vorzeichnung ausradieren. Betone die Striche, mit denen du den Körper und etwaige Schatten andeutest (etwa an Beinen und Kleidung, besonders auf Harrys linker Seite).

GEWUSST, WIE!

Harry hat seinen ersten Zauberstab bei Ollivander in der Winkelgasse gekauft. Auch wenn die Phönixfeder im Kern des Stabs nicht zu sehen ist, wissen wir, wie besonders Harrys Exemplar ist. Zunächst hast du den Stab nur mit einer Linie angedeutet. Arbeite ihn nun mithilfe einer zylindrischen Form heraus. Achte beim Schattieren des Stabs auf seine Konturen.

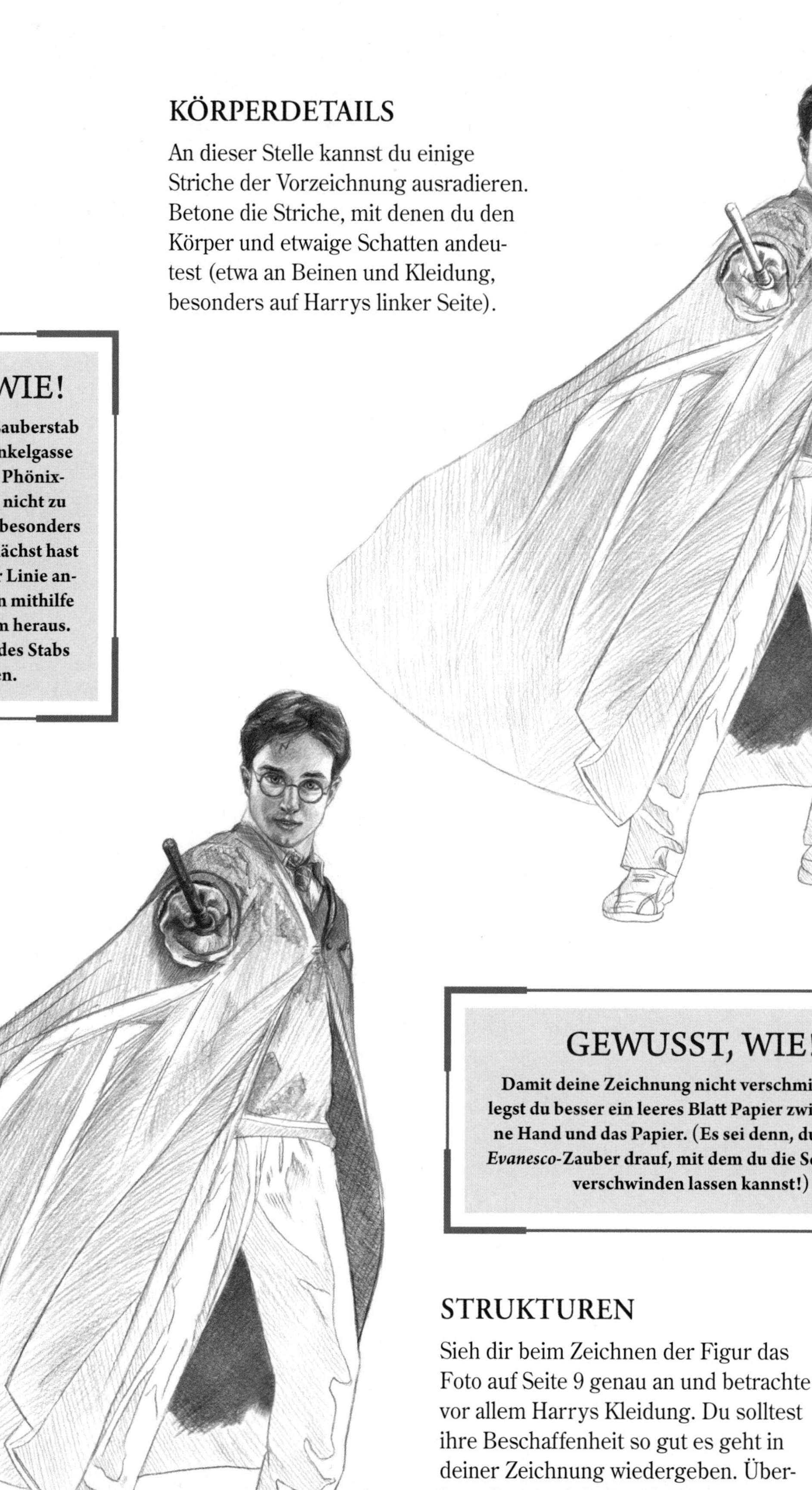

GEWUSST, WIE!

Damit deine Zeichnung nicht verschmiert wird, legst du besser ein leeres Blatt Papier zwischen deine Hand und das Papier. (Es sei denn, du hast den *Evanesco*-Zauber drauf, mit dem du die Schmiererei verschwinden lassen kannst!)

STRUKTUREN

Sieh dir beim Zeichnen der Figur das Foto auf Seite 9 genau an und betrachte vor allem Harrys Kleidung. Du solltest ihre Beschaffenheit so gut es geht in deiner Zeichnung wiedergeben. Überlege dir, wie sich der Stoff von Harrys Umhang von dem seines Hemdes oder seiner Hose unterscheidet.

FAST GESCHAFFT …

Du bist beinahe fertig! Vollende die Figur, indem du an den Schatten arbeitest. Überlege, wo das Licht auf Harry trifft, und gestalte diese Bereiche heller. Jene Teile der Kleidung, die außerhalb der Lichtquelle liegen, erscheinen dunkler. Schattiere sie also entsprechend.

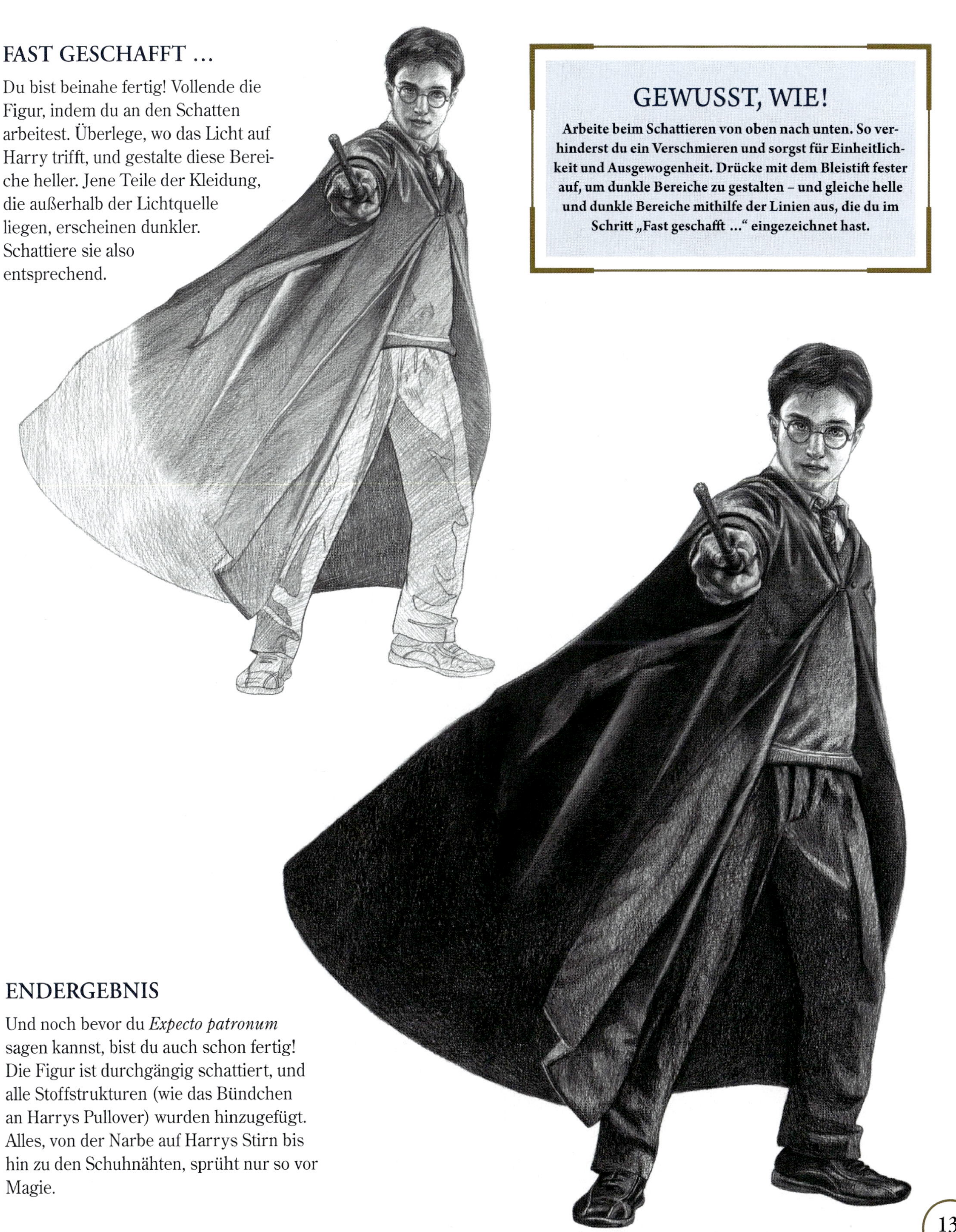

GEWUSST, WIE!

Arbeite beim Schattieren von oben nach unten. So verhinderst du ein Verschmieren und sorgst für Einheitlichkeit und Ausgewogenheit. Drücke mit dem Bleistift fester auf, um dunkle Bereiche zu gestalten – und gleiche helle und dunkle Bereiche mithilfe der Linien aus, die du im Schritt „Fast geschafft …" eingezeichnet hast.

ENDERGEBNIS

Und noch bevor du *Expecto patronum* sagen kannst, bist du auch schon fertig! Die Figur ist durchgängig schattiert, und alle Stoffstrukturen (wie das Bündchen an Harrys Pullover) wurden hinzugefügt. Alles, von der Narbe auf Harrys Stirn bis hin zu den Schuhnähten, sprüht nur so vor Magie.

VORLAGE

Nun hast du gelernt, Harry in seiner Verteidigungspose zu zeichnen. Aber was verteidigt er eigentlich? Wie wäre es mit Hogwarts? Zeit, sich dem Hintergrund zu widmen. Dafür sehen wir uns zunächst ein paar Fotos von der Schule an. Das Bild hier sieht auf den ersten Blick zwar sehr kompliziert aus, aber lasse dich davon nicht entmutigen. Du musst das Ganze nicht bis ins kleinste Detail darstellen. Fange einfach das Wesentliche des Fotos ein und fasse es in deiner Skizze zusammen.

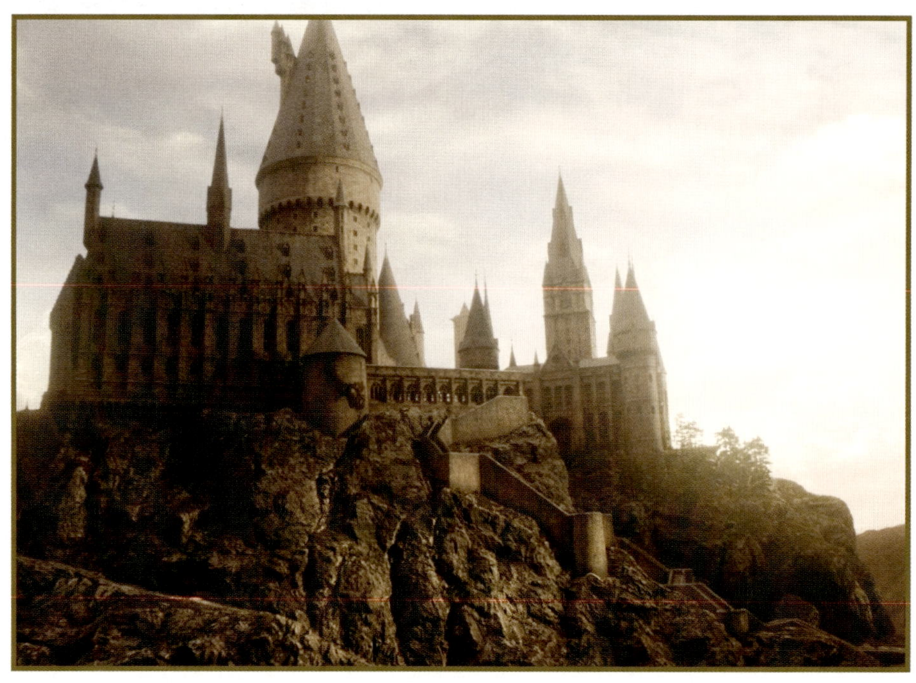

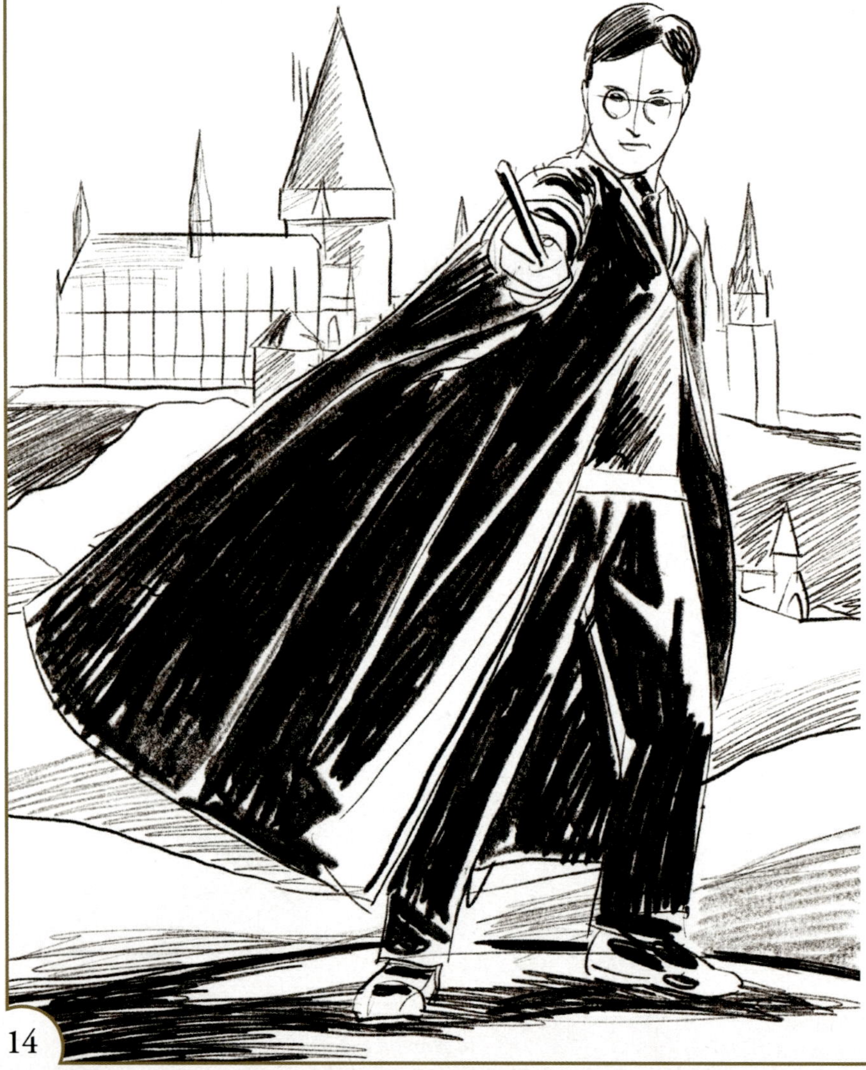

GEWUSST, WIE!

Zusätzlich zum Hintergrund brauchst du einen Untergrund, auf dem Harry stehen kann, sonst schwebt er dort in der Umgebung einfach nur herum (was zwar eine Zeitlang in Ordnung ist, aber er muss ja auch zum Unterricht). Positioniere die Figur mithilfe heller und schattiger Bereiche so, dass es wirkt, als stünde er vor Hogwarts.

GROBE EINTEILUNG

Du kannst Harry in diesem Schritt bereits grob skizzieren, bevor du den Hintergrund zeichnest. Gliedere Hogwarts mit einfachen Formen in seine wichtigsten Teile: Für die Gebäude kannst du Rechtecke, Trapeze und Dreiecke verwenden, und für das Gelände schwungvolle Linien. Es muss keine komplizierte 3-D-Zeichnung sein – eine einfache 2-D-Skizze tut's auch.

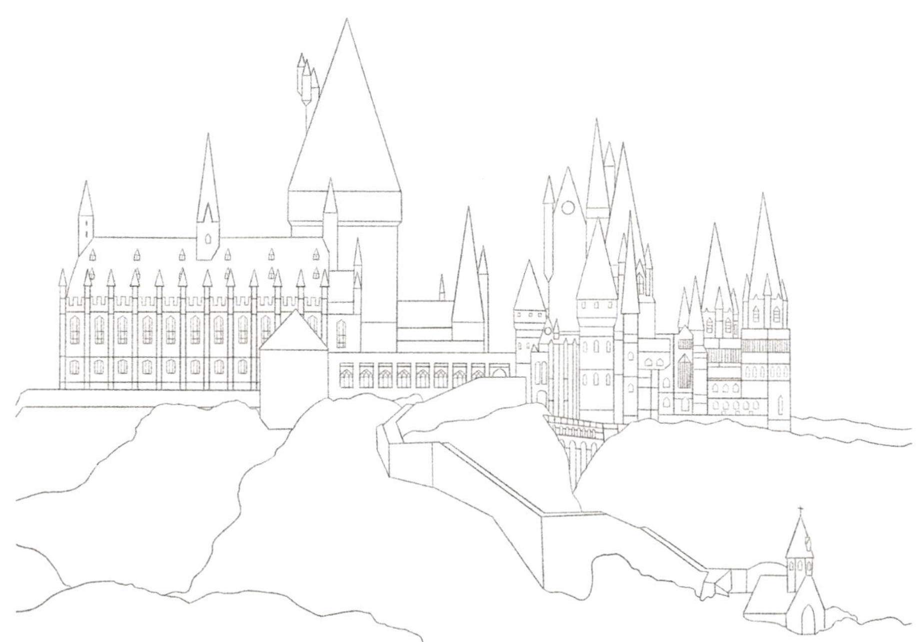

AUSARBEITUNG

Sobald du die Grundformen hast, kannst du all die Details hinzufügen, die Hogwarts definieren. Nutze ruhig das Foto als Anhaltspunkt, aber überlege dir, wie du das Design vereinfachen könntest. Du musst nicht jede einzelne Linie zeichnen. Es reicht, Fenster und Felsen nur anzudeuten. Denke daran, bei einer Szene mit einer Figur im Vordergrund, wie in diesem Fall Harry, die Hintergrundlinien nicht zu dunkel zu zeichnen. Du musst sie womöglich ausradieren, um deine Figur zu positionieren.

Wir zeigen dir im Buch immer den ganzen Hintergrund, damit du am Ende jede beliebige Figur an jede beliebige Stelle zeichnen kannst.

SCHATTEN UND DETAILS

Wie bei Harry solltest du auch der Hintergrundzeichnung durch Schattierungen Leben einhauchen. Vergiss nicht die Lichtquelle (woher das Licht kommt) und die unterschiedliche Beschaffenheit der einzelnen Baumaterialien.

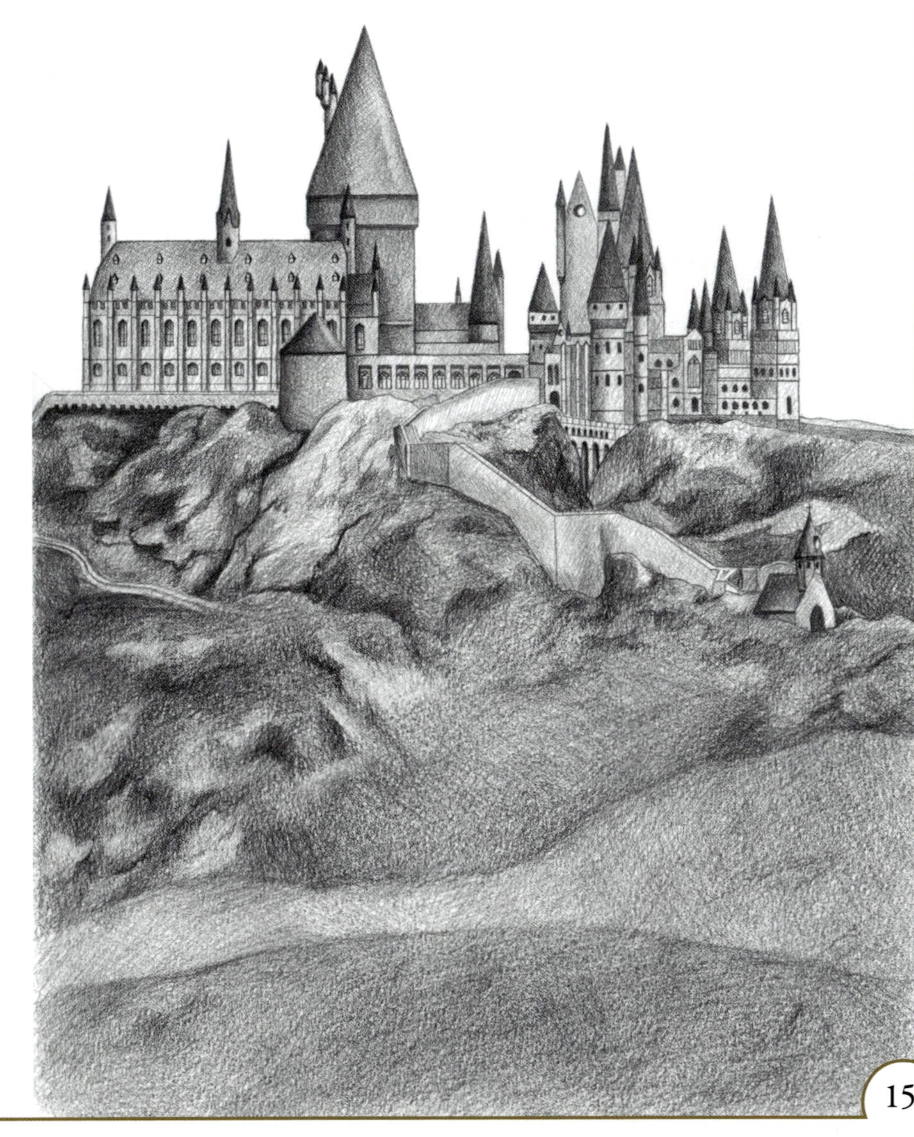

GEWUSST, WIE!

Durch den geschickten Einsatz von Schatten kannst du die Umgebung von Hogwarts mit wenig Aufwand darstellen. Der Wechsel von hellen und dunklen Bereichen lässt dein Bild plastischer wirken. So musst du nicht jeden einzelnen Felsen zeichnen und hast dennoch eine Hintergrundzeichnung, über die jede Hexe und jeder Zauberer staunen würde.

KOMPOSITION

Wenn du mit deinem Hintergrund zufrieden bist, kannst du die Figur von Harry Potter mit dem Hintergrund zusammenfügen. Auf der nächsten Seite bekommst du einen Eindruck, wie das aussieht!

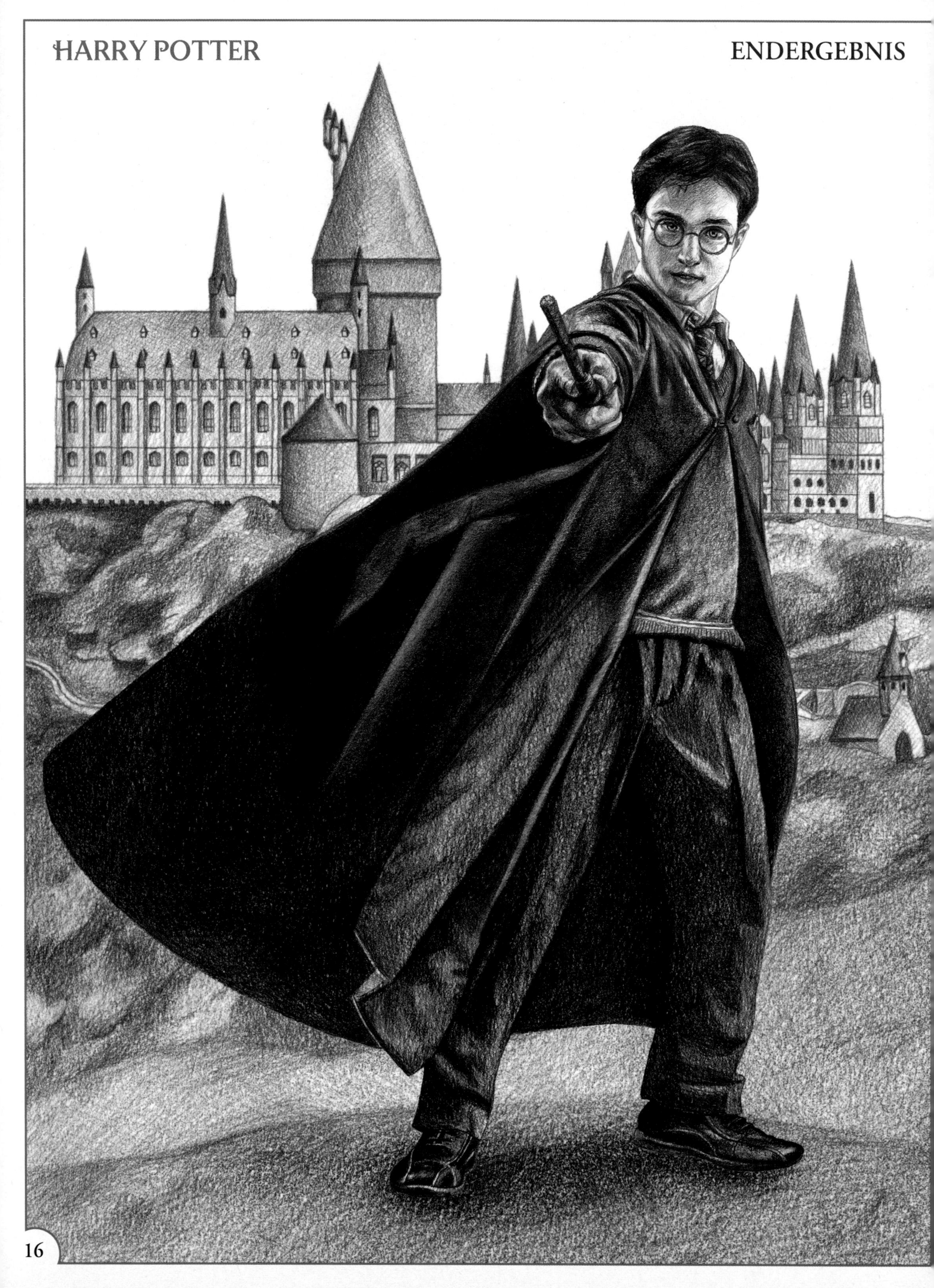

HERMINE GRANGER

Ihre Eltern sind zwar Muggel, doch Hermine Granger fand eines Tages heraus, dass sie eine Hexe ist. Auf der Fahrt zur Hogwarts-Schule für Hexerei und Zauberei lernte sie ihre Mitschüler Harry Potter und Ron Weasley im Hogwarts-Express kennen. Gemeinsam mit den beiden wurde sie dem Haus Gryffindor zugeteilt und glänzte schon bald mit herausragenden Leistungen. Abgesehen davon erwies sie sich stets als loyale Freundin, die sich tapfer gefährlichen Situationen stellte (was bei dem Trio ziemlich oft vorkam).

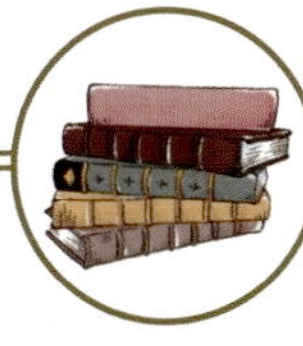

- Schon in jungen Jahren zeigte sich Hermines außerordentliches Talent. Bereits vor ihrem Eintritt in Hogwarts kannte sie einige Zaubersprüche. So konnte sie etwa Harrys Brille im Hogwarts-Express reparieren!

- In ihrem dritten Schuljahr bekam Hermine von Professor McGonagall einen Zeitumkehrer, mit dem sie in der Zeit zurückreisen konnte. Die eifrige Schülerin nutzte das Gerät auch, um zusätzliche Fächer zu belegen.

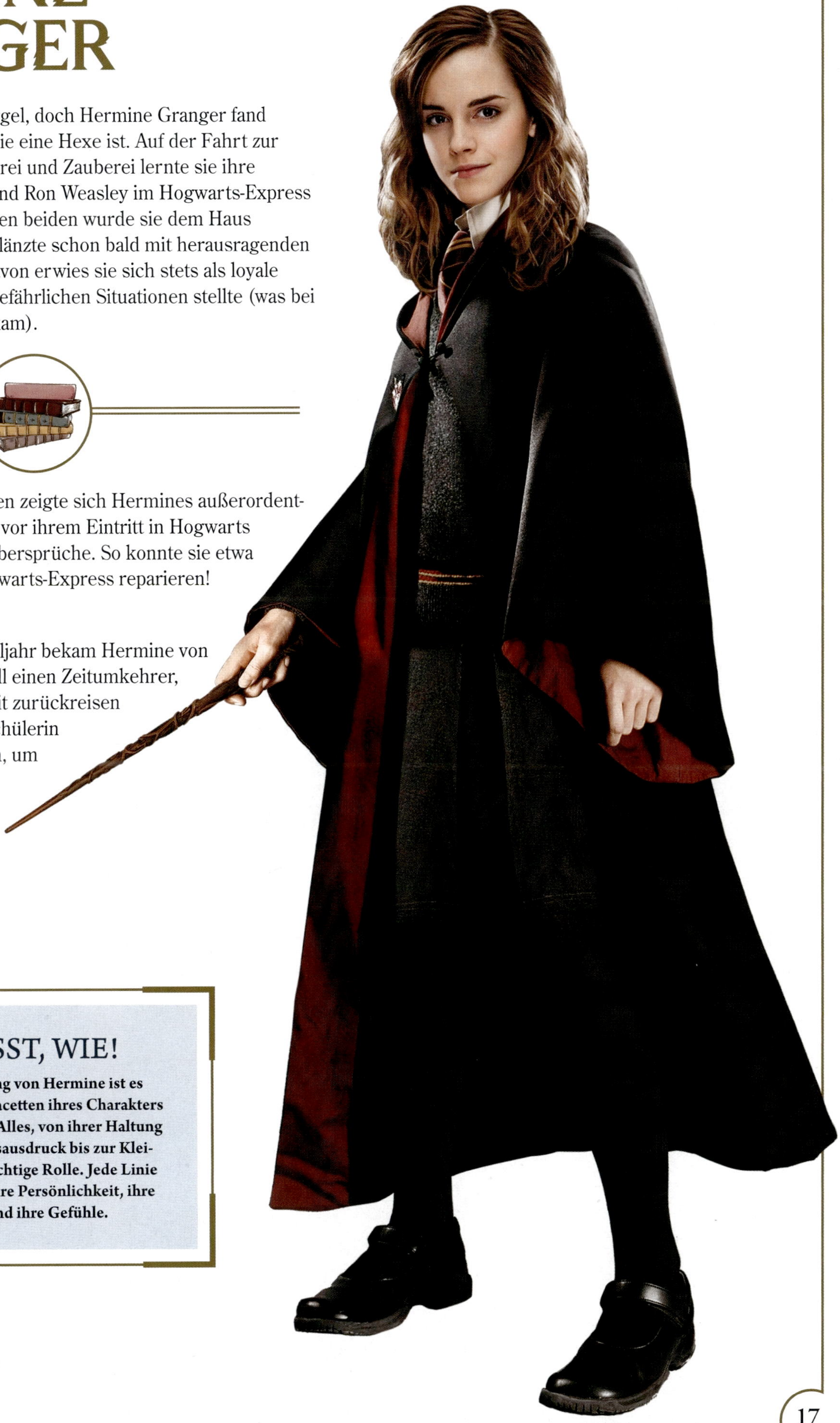

GEWUSST, WIE!

Bei der Darstellung von Hermine ist es wichtig, sämtliche Facetten ihres Charakters zu berücksichtigen. Alles, von ihrer Haltung über ihren Gesichtsausdruck bis zur Kleidung, spielt eine wichtige Rolle. Jede Linie verrät etwas über ihre Persönlichkeit, ihre Gedanken und ihre Gefühle.

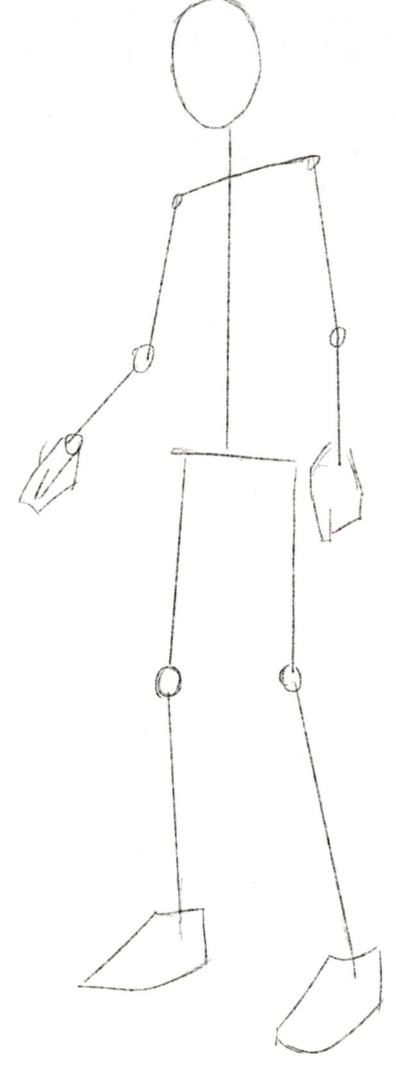

GRUNDGERÜST

Die Schüler von Hogwarts müssen im Unterricht Umhänge tragen. Achte darauf, dass du dieses Detail bei Hermine richtig hinbekommst. Zunächst aber musst du schauen, dass der Körperbau – die Anatomie der Figur – unter dem Umhang korrekt ist. Darauf gehen wir links unten in der Rubrik „Gewusst, wie!" näher ein.

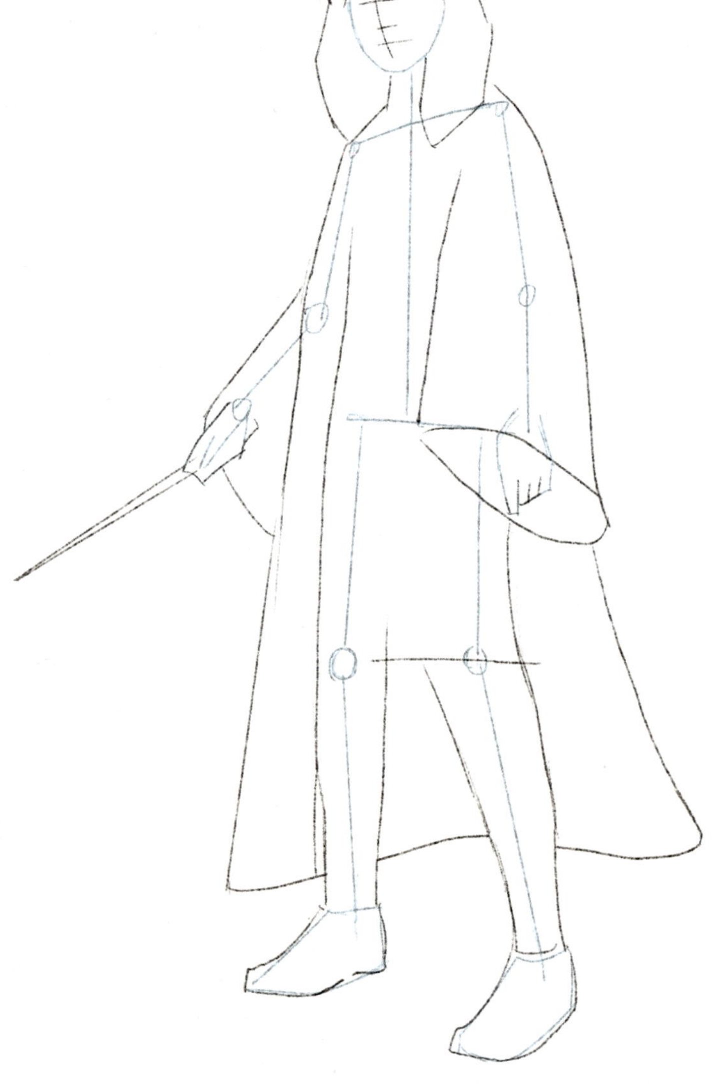

GEWUSST, WIE!

Diese simple Schritt-für-Schritt-Anleitung erklärt, wie du die Grundpose skizzierst.

Schritt 1: Zeichne ein Oval für den Kopf. Schritt 2: Zeichne Striche für Hals und Wirbelsäule, Schultern und Hüften. Wenn die Figur frontal zu sehen ist, zeichnest du Schulter- und Hüftlinie parallel; wenn sie leicht von der rechten Seite zu sehen ist (wie Hermine in unserem Beispiel), lässt du die Schulterlinie leicht nach rechts oben ansteigen und die Hüftlinie leicht nach rechts unten abfallen. Schritt 3: Zeichne die Striche für Arme, Beine und Füße.

Vergiss nicht, dass es vorerst nur um die richtige Positionierung geht.

FORMGEBUNG

Mache dein Strichmännchen nun plastisch, indem du Ärmel, Haare und die Form der Beine, Schultern und Arme hinzufügst. Skizziere wichtige Details wie Finger, Zauberstab und Gesicht.

AUSARBEITUNG

Betone nun wichtige Details in deiner Zeichnung. Skizziere Hermines Gesichtszüge und wie ihr Haar fällt. Statte den Zauberstab mit kleinen Details aus, damit er nicht so glatt, sondern wie aus Holz wirkt. Radiere Striche von der Vorzeichnung aus und vervollständige den Gesichtsausdruck, die Pose und die Details an der Kleidung.

GEWUSST, WIE!

Nun bist du mit der Skizze fertig. Du hast darauf geachtet, dass die Proportionen stimmen und alles an der richtigen Stelle sitzt. Mit dieser soliden Grundzeichnung kannst du beginnen, Licht und Schatten herauszuarbeiten. Deute die Position der Schatten an und achte dabei auf ihre Form. Mache das zunächst ganz leicht – so ist es einfacher, im Laufe des Prozesses bestimmte Bereiche zu überzeichnen oder auszuradieren. Das ist eine der wichtigsten Phasen, lasse dir also Zeit und hab Spaß dabei!

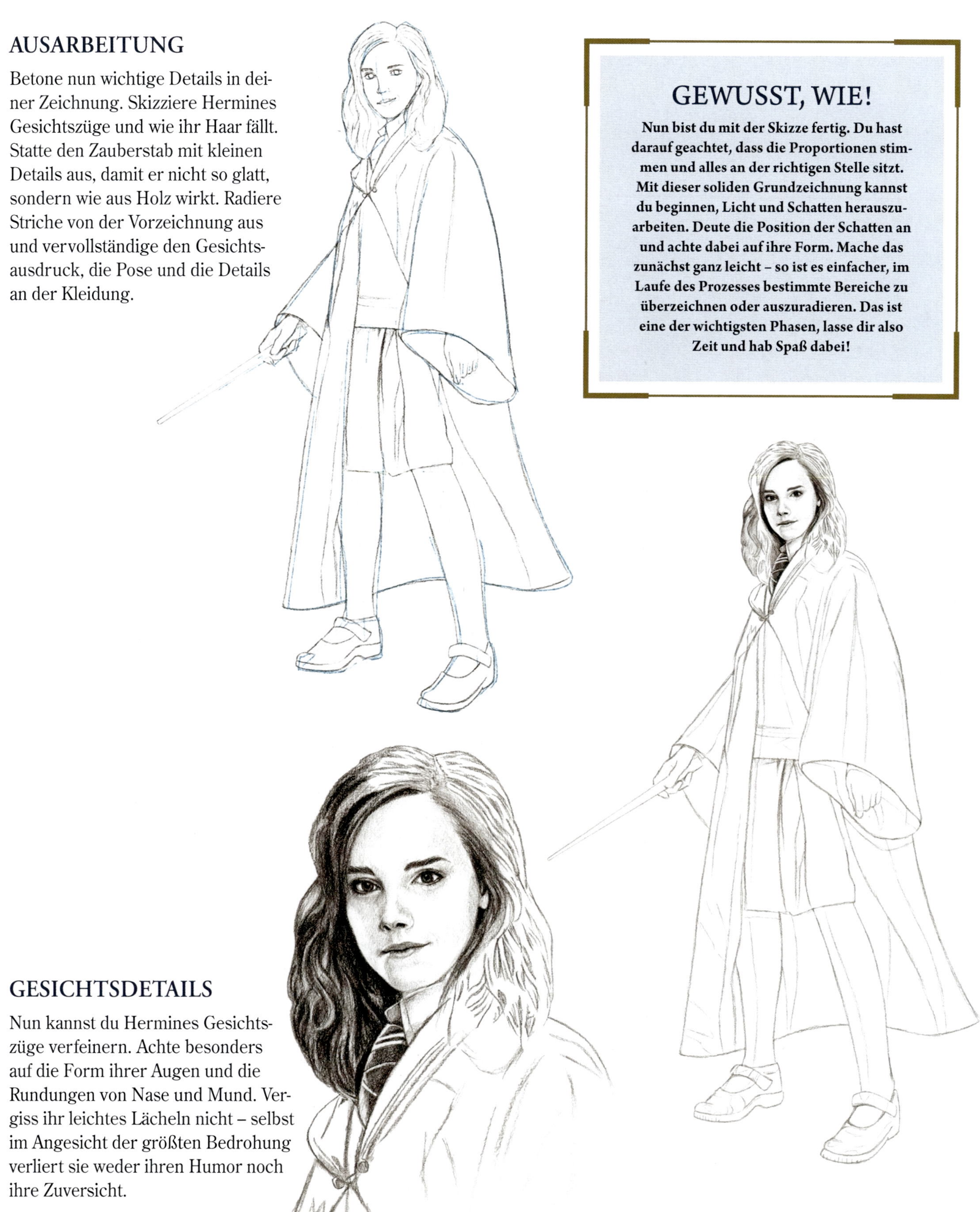

GESICHTSDETAILS

Nun kannst du Hermines Gesichtszüge verfeinern. Achte besonders auf die Form ihrer Augen und die Rundungen von Nase und Mund. Vergiss ihr leichtes Lächeln nicht – selbst im Angesicht der größten Bedrohung verliert sie weder ihren Humor noch ihre Zuversicht.

KÖRPERDETAILS

Während du kopfabwärts arbeitest, achte darauf, wie die Schatten auf Hermines Kleidung fallen, sowie auf die verschiedenen Falten im Stoff.

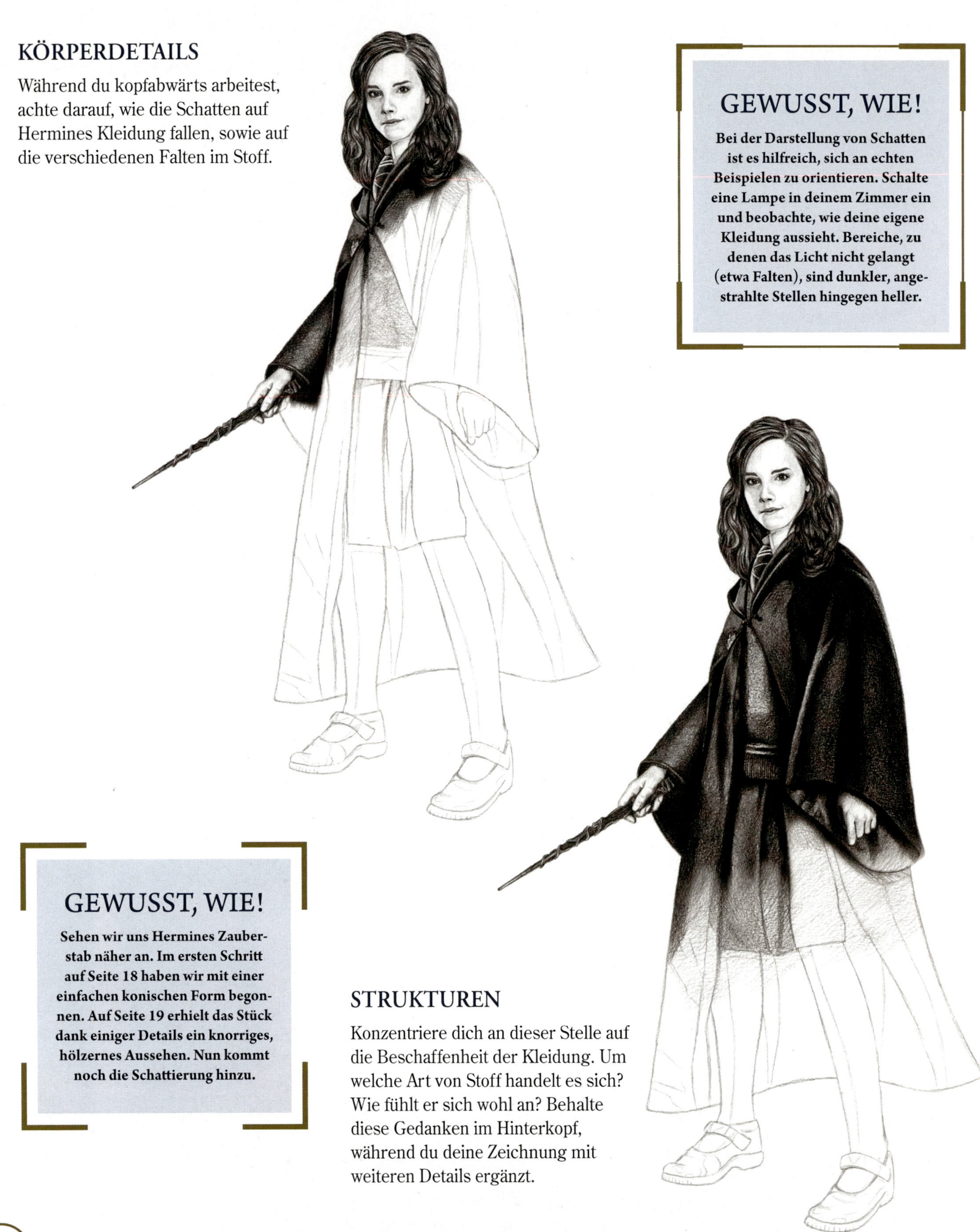

GEWUSST, WIE!

Bei der Darstellung von Schatten ist es hilfreich, sich an echten Beispielen zu orientieren. Schalte eine Lampe in deinem Zimmer ein und beobachte, wie deine eigene Kleidung aussieht. Bereiche, zu denen das Licht nicht gelangt (etwa Falten), sind dunkler, angestrahlte Stellen hingegen heller.

GEWUSST, WIE!

Sehen wir uns Hermines Zauberstab näher an. Im ersten Schritt auf Seite 18 haben wir mit einer einfachen konischen Form begonnen. Auf Seite 19 erhielt das Stück dank einiger Details ein knorriges, hölzernes Aussehen. Nun kommt noch die Schattierung hinzu.

STRUKTUREN

Konzentriere dich an dieser Stelle auf die Beschaffenheit der Kleidung. Um welche Art von Stoff handelt es sich? Wie fühlt er sich wohl an? Behalte diese Gedanken im Hinterkopf, während du deine Zeichnung mit weiteren Details ergänzt.

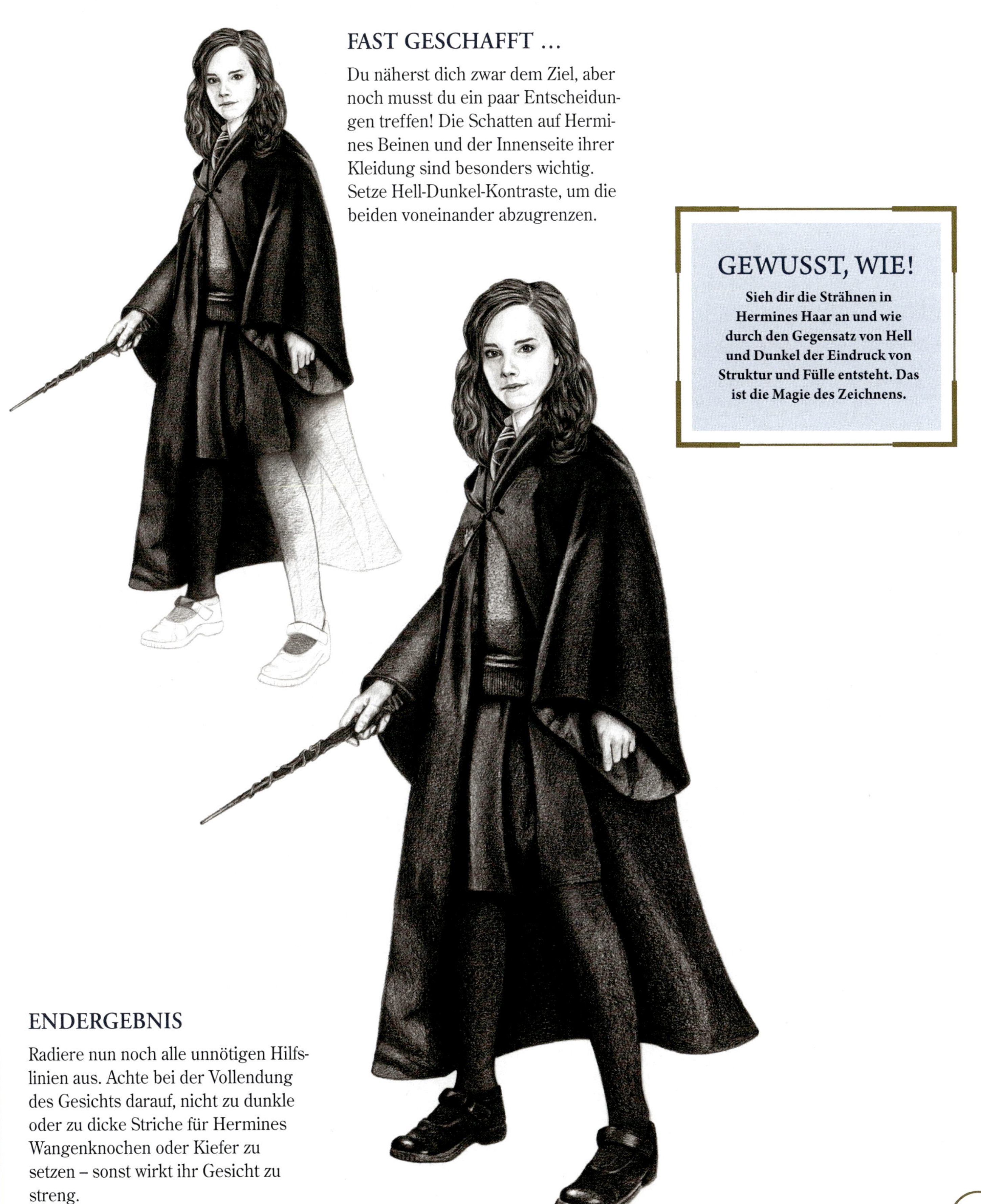

FAST GESCHAFFT …

Du näherst dich zwar dem Ziel, aber noch musst du ein paar Entscheidungen treffen! Die Schatten auf Hermines Beinen und der Innenseite ihrer Kleidung sind besonders wichtig. Setze Hell-Dunkel-Kontraste, um die beiden voneinander abzugrenzen.

GEWUSST, WIE!

Sieh dir die Strähnen in Hermines Haar an und wie durch den Gegensatz von Hell und Dunkel der Eindruck von Struktur und Fülle entsteht. Das ist die Magie des Zeichnens.

ENDERGEBNIS

Radiere nun noch alle unnötigen Hilfslinien aus. Achte bei der Vollendung des Gesichts darauf, nicht zu dunkle oder zu dicke Striche für Hermines Wangenknochen oder Kiefer zu setzen – sonst wirkt ihr Gesicht zu streng.

HERMINE GRANGER

VORLAGE

Wenn du geübt hast, die Figur zu zeichnen, kannst du dir über den Hintergrund Gedanken machen. Wo soll Hermine zu sehen sein? Es gibt unzählige Möglichkeiten – etwa den Gryffindor-Gemeinschaftsraum, die Große Halle oder, wie hier zu sehen, ein Klassenzimmer.

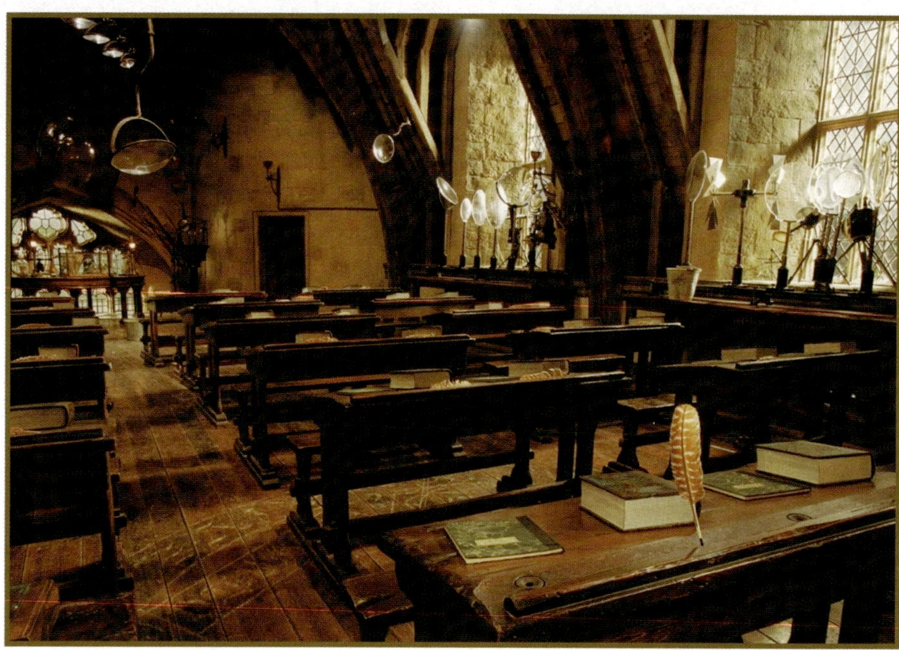

GEWUSST, WIE!

Sei kreativ, lasse dich vom Foto oben inspirieren und wähle die Details aus, die in deinem Hintergrund zu sehen sein sollen. Versuche nicht, jede Kleinigkeit in deiner Zeichnung darzustellen. Konzentriere dich einfach auf jene Elemente, die du für wichtig hältst. Um den Eindruck eines Klassenzimmers zu vermitteln, solltest du ein Pult sowie die Wände und Fenster einfügen, die auf dem Foto abgebildet sind. Vergiss nicht, dass es darum geht, eine Stimmung zu vermitteln. Hier haben wir uns entschieden, unsere Protagonistin vor einem Bleiglasfenster zu zeigen.

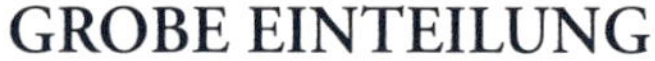

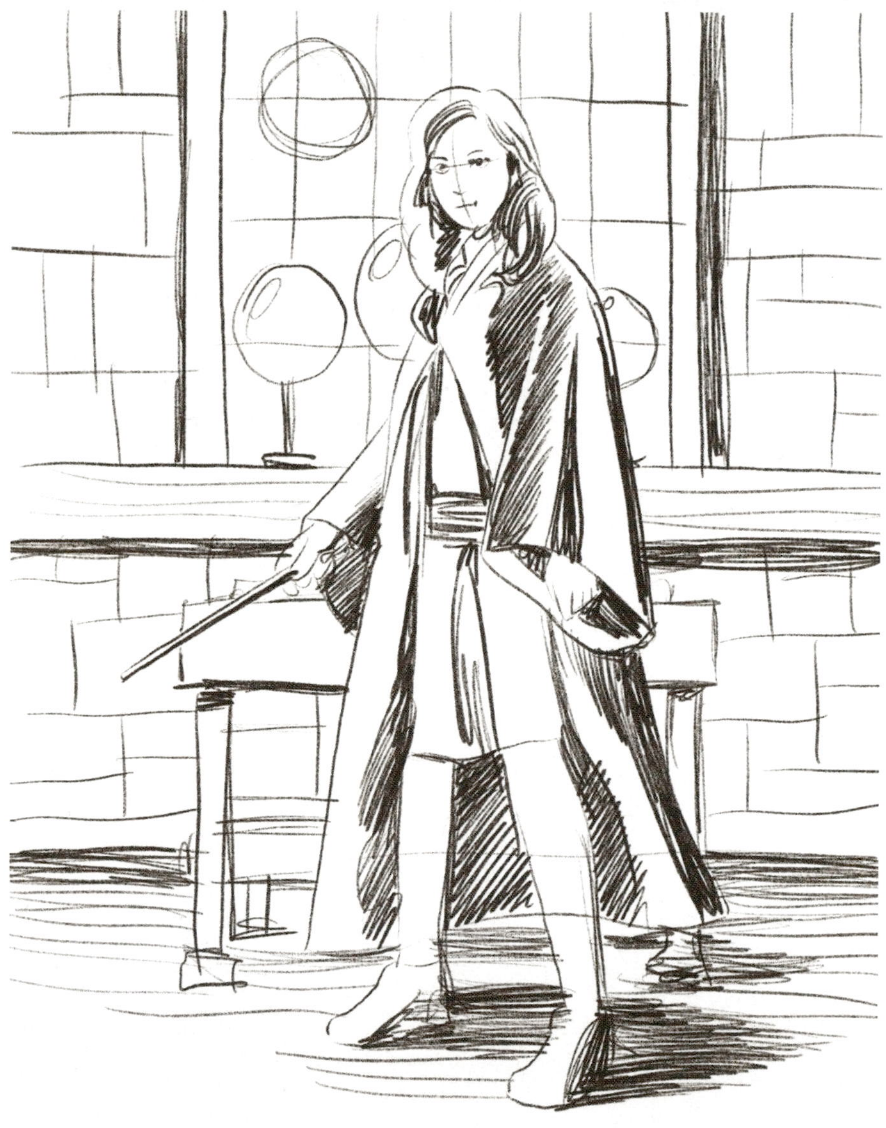

GROBE EINTEILUNG

Überlege dir, wo genau du deine Figur platzieren willst. Wenn du magst, kannst du ihre Umrisse grob skizzieren, bevor du die Hintergrunddetails wie oben erklärt zeichnest. Mache dir an diesem Punkt nicht allzu viele Sorgen, alle Details richtig hinzubekommen – vorerst geht es darum, zu entscheiden, was wo im Bild sein soll!

AUSARBEITUNG

Auch wenn du im vorherigen Schritt Hermine bereits grob skizziert hast, zeigen wir dir an dieser Stelle die Ausarbeitung des ganzen Hintergrunds, damit du nach Belieben auch andere Figuren davor zeichnen kannst.

Nun kommt dein Lineal ins Spiel. Nimm das Foto als Vorlage und zur Inspiration. Füge die verschiedenen Linien für die Wände und das Fenster im Hintergrund ein. Skizziere auch das Pult. Mithilfe des Lineals wird alles schön gerade!

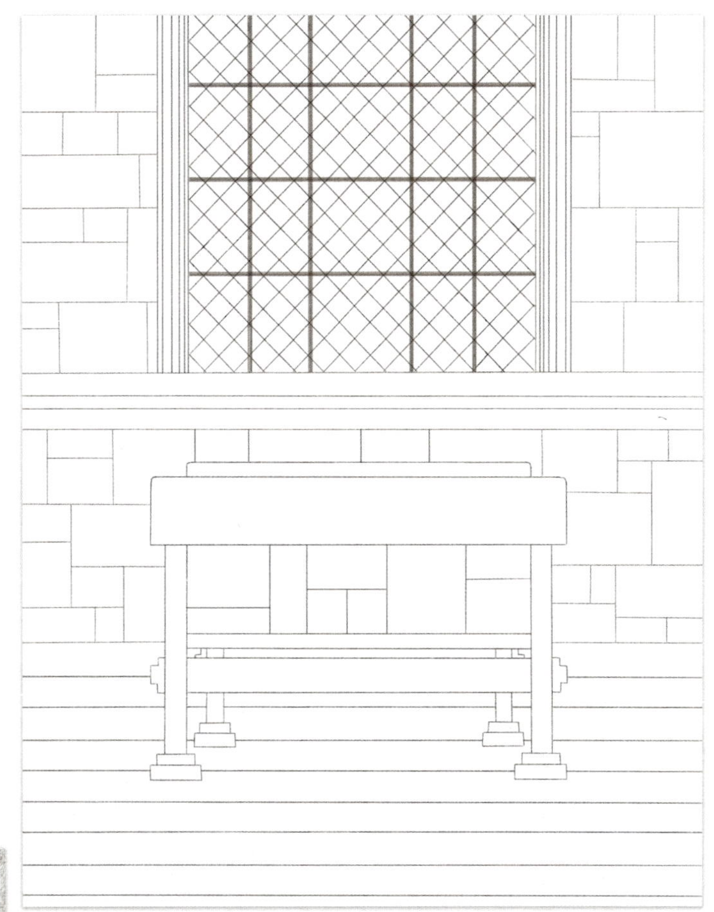

SCHATTEN UND DETAILS

Durch verschiedene Schattierungen und Oberflächenstrukturen hauchst du dem Hintergrund Leben ein (so wie bei der Figur). Schattiere die Kanten jedes Ziegels und lasse die Mitte einigermaßen frei. Wenn du deine Arbeit später in Farbe gestalten willst, sollten weiße Bereiche zum Einfärben bleiben.

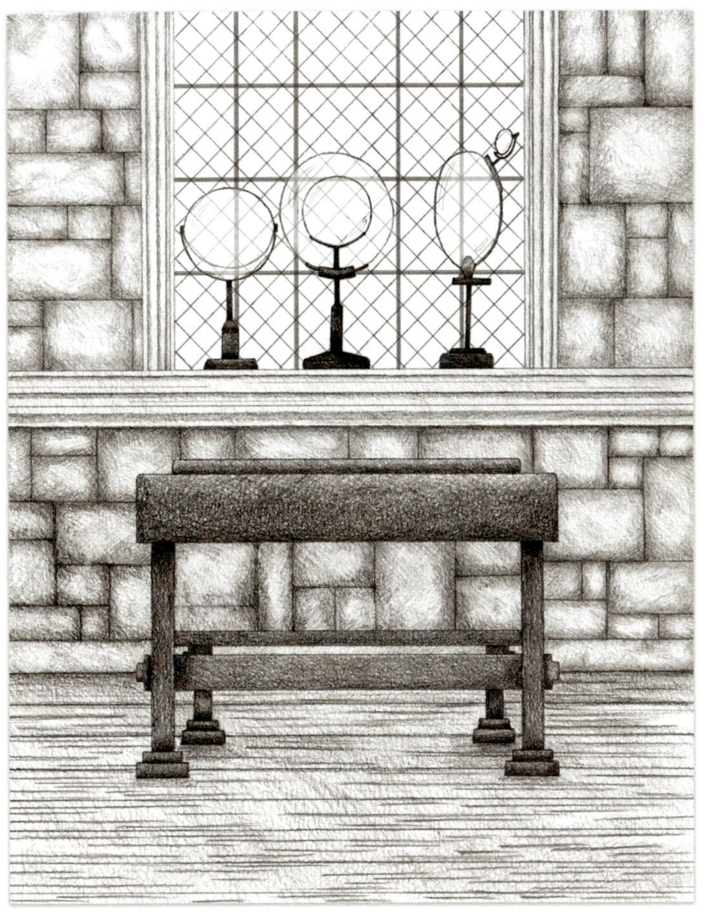

GEWUSST, WIE!

Für deine Zeichnung kann es hilfreich sein, wenn du dir genau anschaust, wie das Licht bei dir zu Hause auf Objekte fällt. Achte darauf, was passiert, wenn du eine Lampe einschaltest, und wie die Schatten auf die Möbel und Wände fallen. Wie sehen die Oberflächen aus? Wie (und wo) erscheinen Schatten auf dem Boden? Lasse deine Beobachtungen in deine Zeichnung einfließen.

KOMPOSITION

Nachdem du gelernt hast, wie die Figur und der Hintergrund gezeichnet werden, geht es darum, beide zusammenzufügen. Vergiss nicht, dass die Figur im Vordergrund steht – egal wie schön du den Hintergrund gezeichnet hast. Zeichne noch einen Schatten unter und hinter Hermines Füßen ein, um sie im Raum zu verankern.

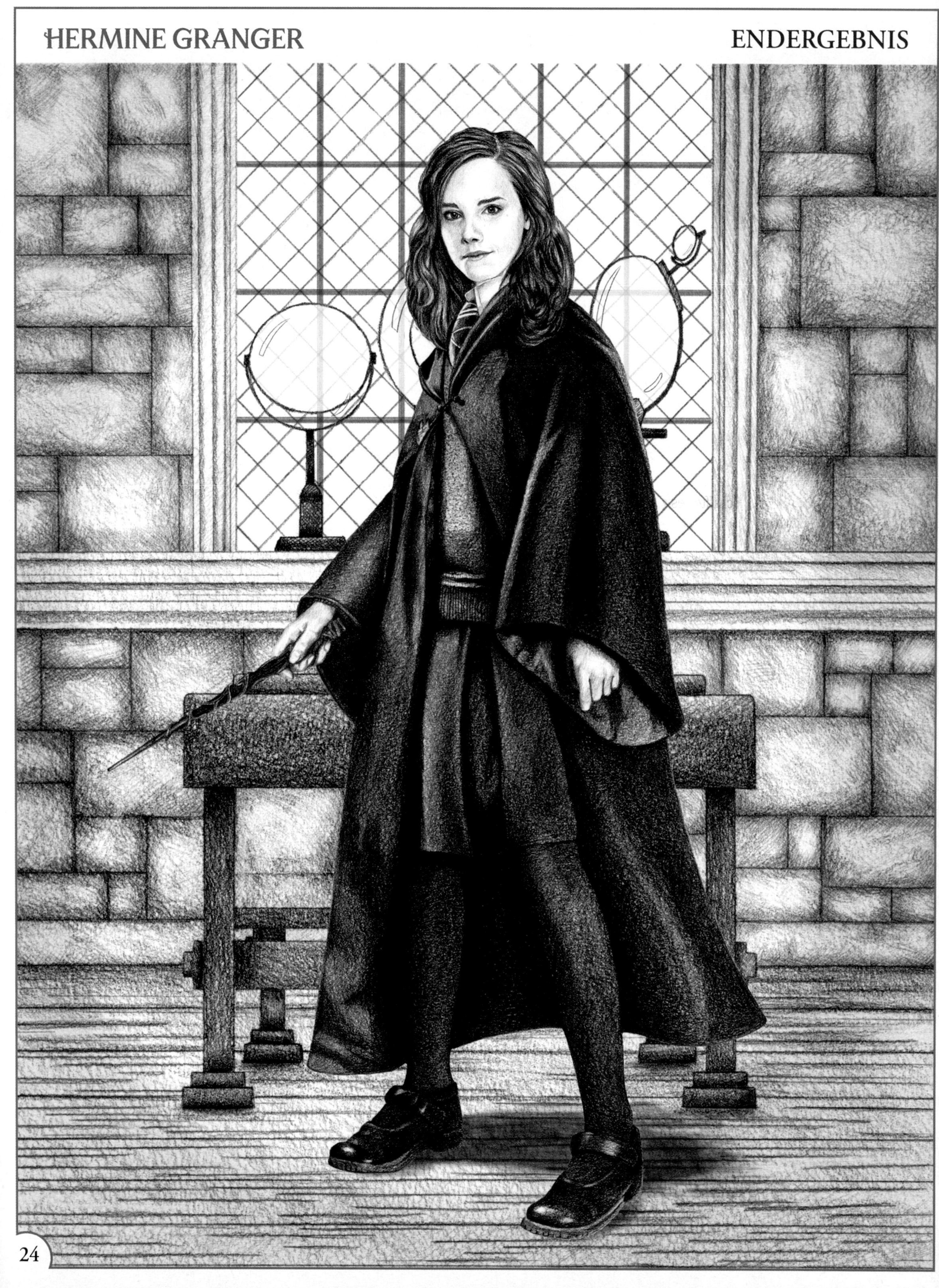

RON WEASLEY

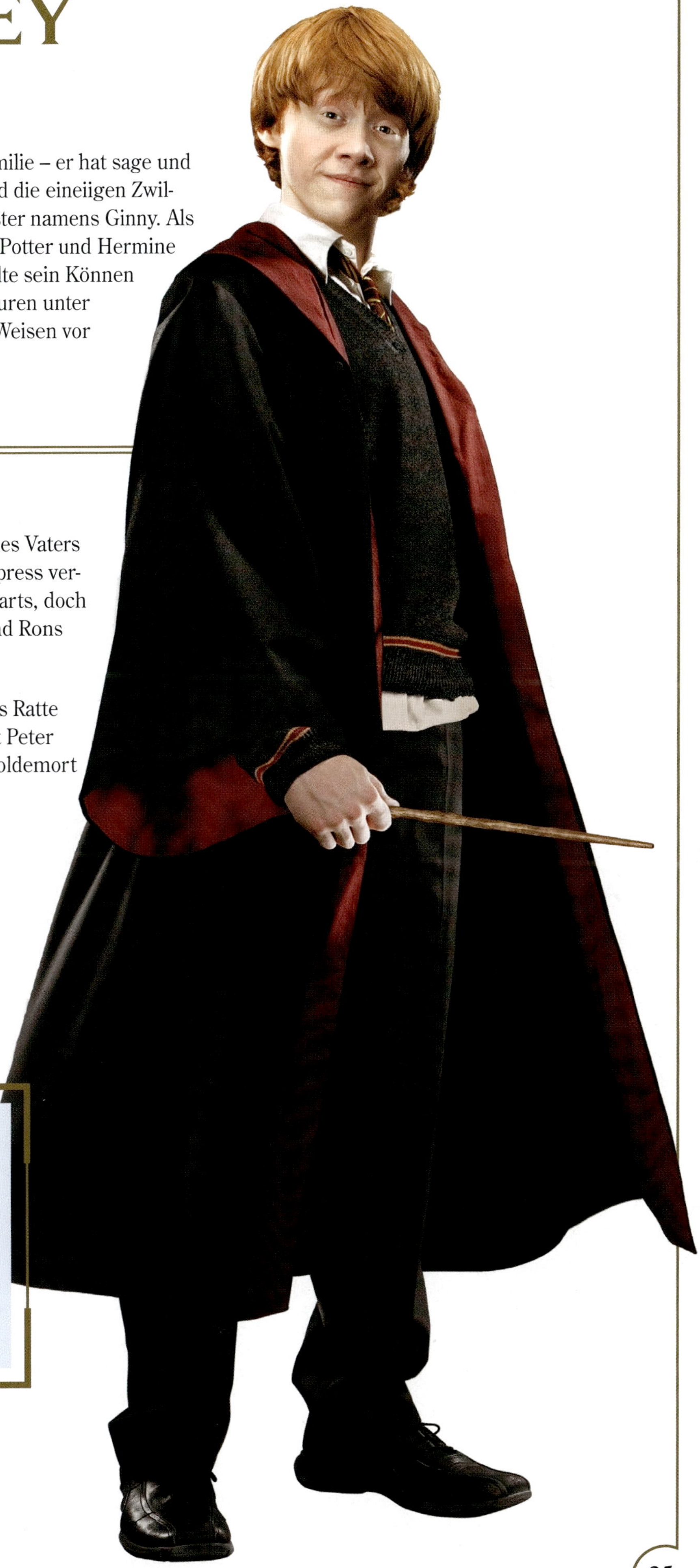

Ron Weasley stammt aus einer großen Zaubererfamilie – er hat sage und schreibe fünf ältere Brüder (Bill, Charlie, Percy und die eineiigen Zwillinge Fred und George) sowie eine jüngere Schwester namens Ginny. Als Gryffindor verbündete sich Ron schnell mit Harry Potter und Hermine Granger. Der begeisterte Zauberschachspieler stellte sein Können bei einer gefährlichen Partie mit lebensgroßen Figuren unter Beweis, sodass Harry und Hermine den Stein der Weisen vor Professor Quirrell beschützen konnten.

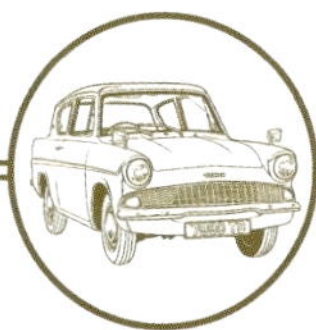

- Einmal „lieh" sich Ron das fliegende Auto seines Vaters aus, nachdem er und Harry den Hogwarts-Express verpasst hatten. Sie schafften es zwar nach Hogwarts, doch das Auto krachte in die Peitschende Weide, und Rons Zauberstab ging zu Bruch.
- Rons Haustier, die Ratte Krätze, erwies sich als Ratte der ganz anderen Art – sie war in Wirklichkeit Peter Pettigrew, der Harry Potters Eltern an Lord Voldemort verraten hatte.

GEWUSST, WIE!

Was an Ron Weasley sofort auffällt, ist sein besonderer Charakter. Dieser offenbart sich im Gesichtsausdruck – da blitzen etwas Freches, Verschmitztes, aber auch Zuversicht und ein gewisser Humor hervor. Behalte das beim Zeichnen im Hinterkopf, um Rons Wesen getreu wiederzugeben.

RON WEASLEY

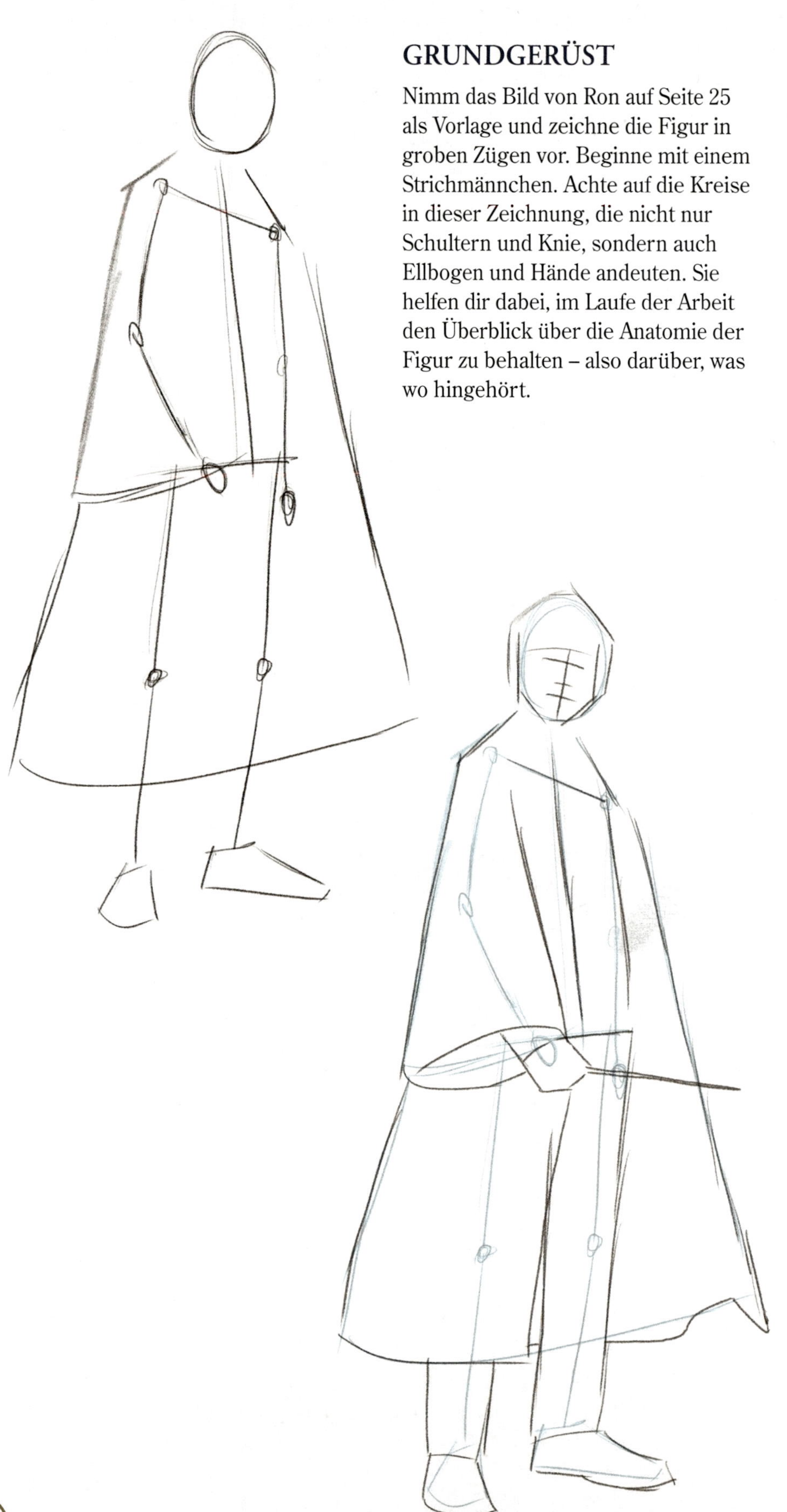

GRUNDGERÜST

Nimm das Bild von Ron auf Seite 25 als Vorlage und zeichne die Figur in groben Zügen vor. Beginne mit einem Strichmännchen. Achte auf die Kreise in dieser Zeichnung, die nicht nur Schultern und Knie, sondern auch Ellbogen und Hände andeuten. Sie helfen dir dabei, im Laufe der Arbeit den Überblick über die Anatomie der Figur zu behalten – also darüber, was wo hingehört.

GEWUSST, WIE!

In Schritt 1 siehst du, wie Rons linke Hand und linker Arm dicht am Körper anliegen. In Schritt 2 sind sie aber verschwunden. Was ist passiert? Ein wenig Zauberei aus Professor McGonagalls Verwandlungsunterricht? Wohl kaum. Während du dich von einem Schritt zum nächsten vorarbeitest, wirst du immer wieder Änderungen vornehmen. Um die Anatomie der Figur richtig hinzubekommen, ist es wichtig, zunächst die gesamte Figur grob zu skizzieren. Im Laufe der Arbeit kannst du Details weglassen. Das ist der Unterschied zwischen einer gezeichneten Pose, die der Fotovorlage entspricht, und einer Skizze, bei der du dich fragst, warum die linke Seite der Figur seltsam aussieht und was mit ihrem Arm passiert ist.

FORMGEBUNG

Sobald du die Grundform hast, kannst du die Figur etwas stärker definieren und einige der Hilfslinien vom vorherigen Schritt ausradieren. Bedenke beim Zeichnen des Umhangs, dass sich darunter eine Person verbirgt. Der Ärmel hängt herab, aber der Arm ist leicht nach rechts angewinkelt. Deshalb hast du den Kreis in Schritt 1 gezeichnet. So sieht der gebeugte Arm natürlich aus.

AUSARBEITUNG

Skizziere nun die verschiedenen Linien und Konturen auf Rons Kleidung sowie das Gesicht und die Haare. Sieh dir für die Frisur die Fotovorlage genau an. Die Haare verlaufen vorwiegend nach links und sind in der Mitte etwas zerzaust. Dieser strubbelige Look ist typisch für Ron.

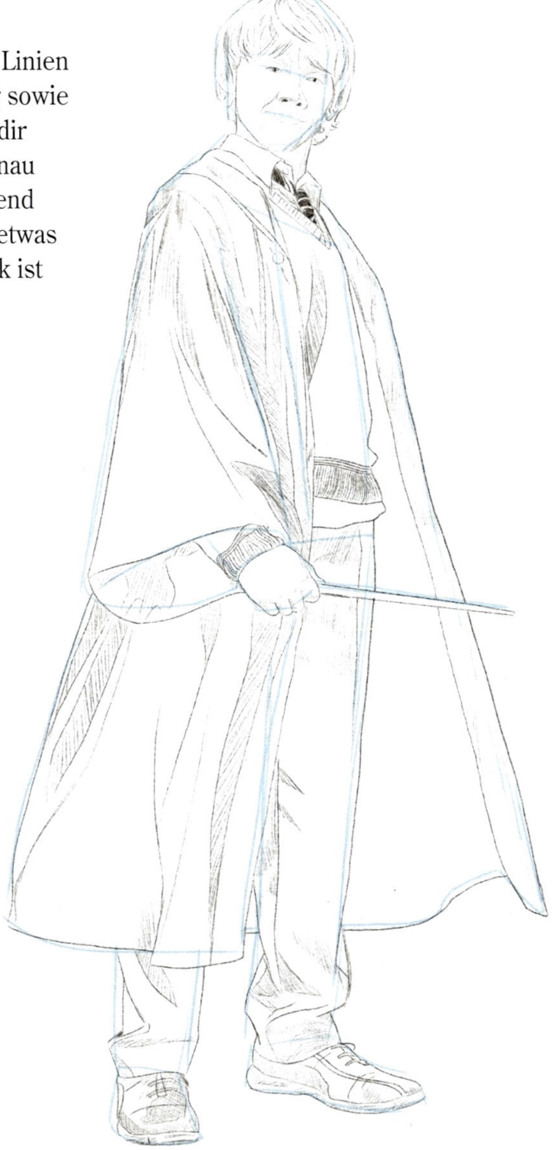

GESICHTSDETAILS

Nun kannst du dich auf Rons Gesichtsausdruck konzentrieren. Achte auf seine Mimik auf dem Foto von Seite 25, besonders auf die leicht hochgezogene rechte Augenbraue und das verschmitzte Lächeln. Pass auf, dass die Haare auf der rechten Seite seines Gesichts nicht die Augenbraue verdecken – die soll man sehen!

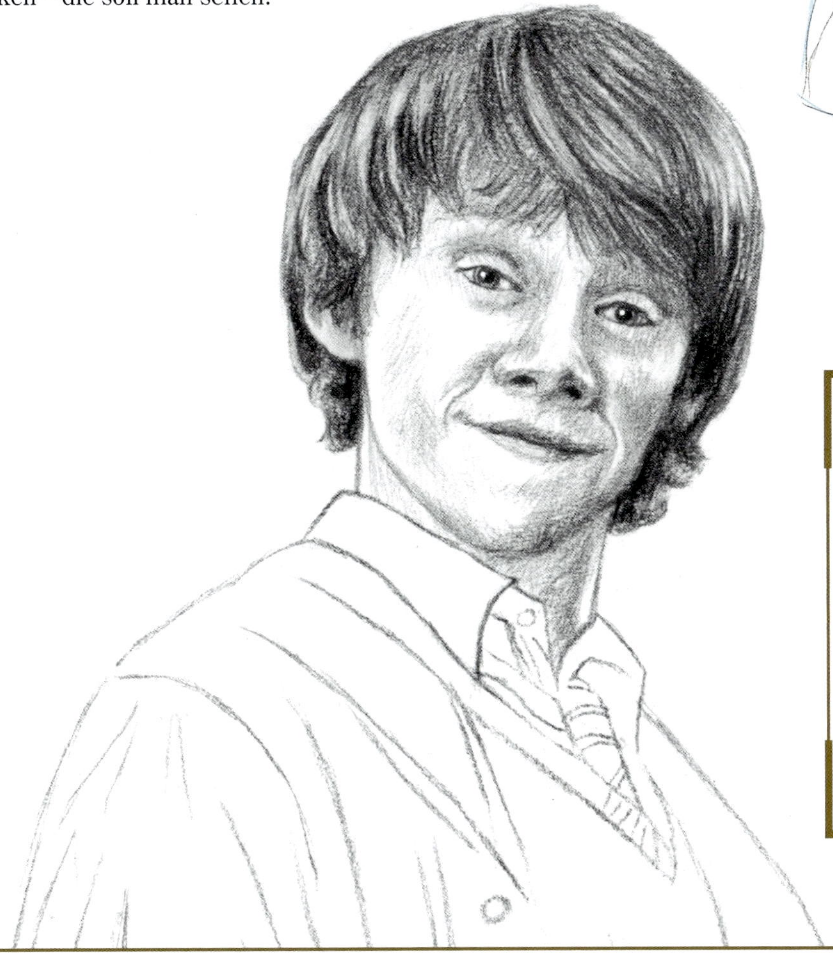

GEWUSST, WIE!

Bedenke bei der Gestaltung des Gesichts, dass die Augen Kugeln und keine flachen Kreise sind. Betrachte deine Augen eine Weile im Spiegel. So erkennst du ihre Form und wie sie im Zusammenspiel mit deinem Gesicht wirken. Mache dasselbe mit dem Foto, um wirklich ein Gespür für das Aussehen der Figur zu bekommen. Wenn du dann diesen Teil des Gesichts zeichnest, skizziere an der Stelle, wo der Augapfel sein wird, einen Kreis.

RON WEASLEY

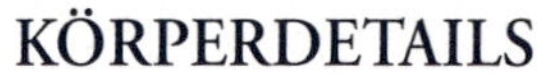

KÖRPERDETAILS

Beginne nun damit, von oben nach unten die Schattierung hinzuzufügen und die verschiedenen Falten in Rons Kleidung herauszuarbeiten. Behalte dabei immer seine Arme und Beine im Auge – achte auf die lange Falte entlang Rons rechtem Ärmel. Sie deutet seinen Arm unter dem Umhang an.

> **GEWUSST, WIE!**
>
> **Beachte beim Schattieren, von wo das Licht kommt und wie stark die Lichtquelle ist. Wenn Ron zum Beispiel den *Lumos*-Zauber anwendet, dringt das Licht aus der Spitze seines Zauberstabs. Alles, was sich in Lichtnähe befindet, ist nicht in Schatten getaucht. Weiter entfernte oder vom Licht unberührte Objekte erscheinen dunkel.**

STRUKTUREN

Arbeite dich weiter nach unten vor und vervollständige die Schattierungen und Konturen an deiner Figur. Vergiss nicht, dass es Details sind, die deine Zeichnung ausmachen! Achte also darauf, dass Rons Pullover leicht nach oben gezogen ist und darunter sein zerknittertes Hemd hervorblitzt.

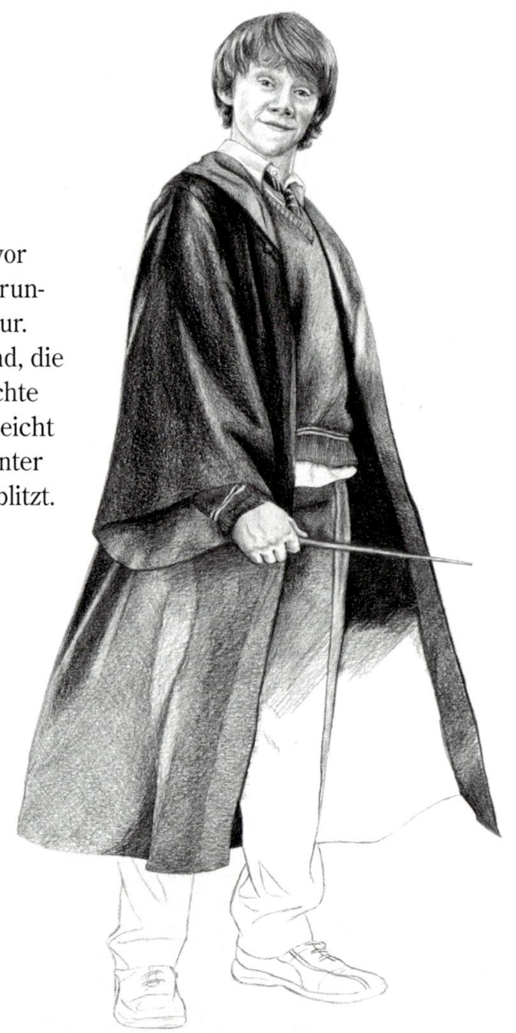

> **GEWUSST, WIE!**
>
> **Nun zeigt sich, dass die Arbeit aus den vorherigen Schritten sich gelohnt hat. Du hast ein grandioses Stück Magie erschaffen. Es wirkt tatsächlich, als stecke ein echter Körper unter dem Gewand! Und je mehr du übst, desto besser wirst du!**

FAST GESCHAFFT …

Du bist fast fertig mit deiner Zeichnung. Nun solltest du deine Aufmerksamkeit auf die untere Hälfte der Figur richten. Konzentriere dich auf die unterschiedlichen Stoffe von Hose und Umhanginnenseite.

GEWUSST, WIE!

Scheue dich nicht davor, Linien auszuradieren, mit denen du nicht zufrieden bist. Nichts ist endgültig! Du kannst jederzeit Änderungen vornehmen, bis die Zeichnung genau deinen Vorstellungen entspricht.

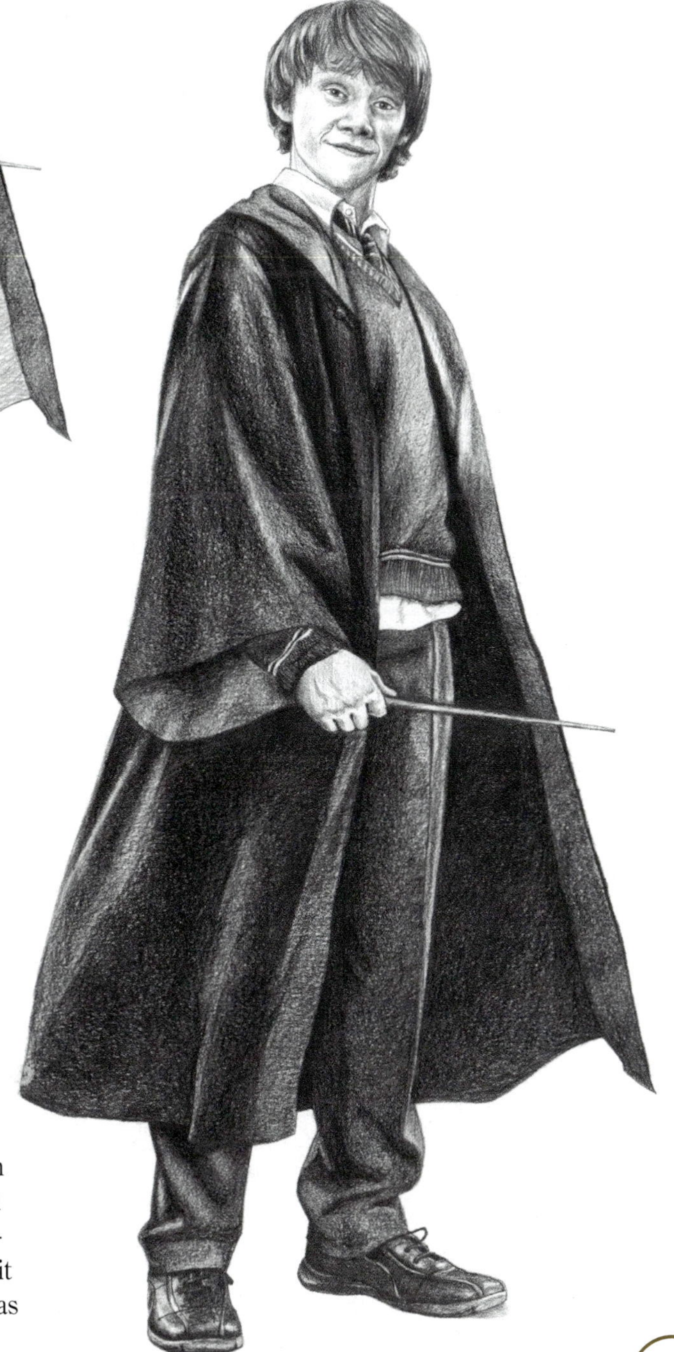

ENDERGEBNIS

Und mir nichts, dir nichts ist deine Figur fertig! Das ist ein guter Zeitpunkt, einen Schritt zurückzutreten und deine Zeichnung als Ganzes zu betrachten. Wenn dir Details auffallen, die noch etwas Aufmerksamkeit bedürfen (etwas Schatten hier, etwas Aufhellung da), nur zu.

RON WEASLEY

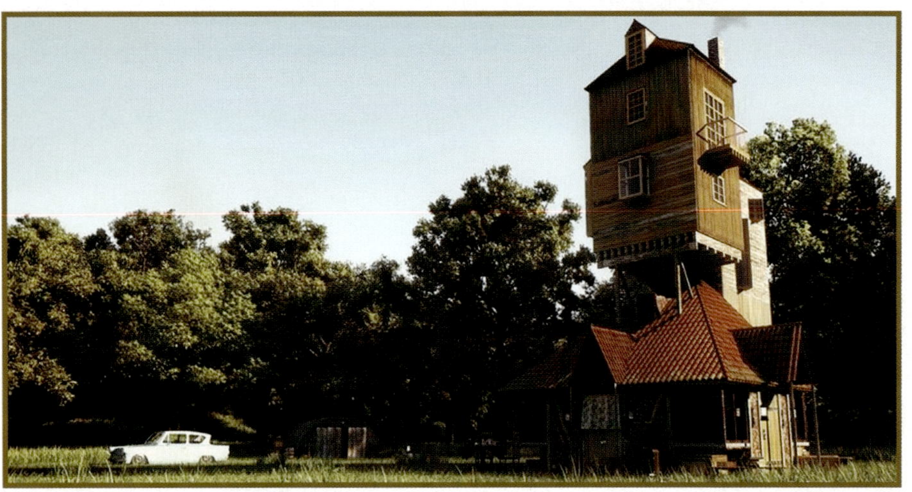

VORLAGE

Der erste Ort, der einem zu den Weasleys einfällt, ist zweifelsohne der Fuchsbau, das Zuhause der Familie. Das Heim sieht aus, als wäre es aus unterschiedlichen Gebäuden bunt zusammengewürfelt. Es ist im doppeldeutigen Sinn äußerst schräg und wird wie von Zauberhand zusammengehalten. Keine Frage – der Fuchsbau ist der perfekte Hintergrund für deine Zeichnung von Ron!

GEWUSST, WIE!

Beim Skizzieren des Fuchsbaus wird dir als Erstes die Kombination aus natürlichen und strengen Formen auffallen. Hinter dem Haus erstreckt sich ein Wald mit vielen runden Formen, das Haus selbst hat viele gerade Linien. In einer gelungenen Zeichnung gleichen die unterschiedlichen Elemente einander aus, und der Fuchsbau tritt deutlich hervor.

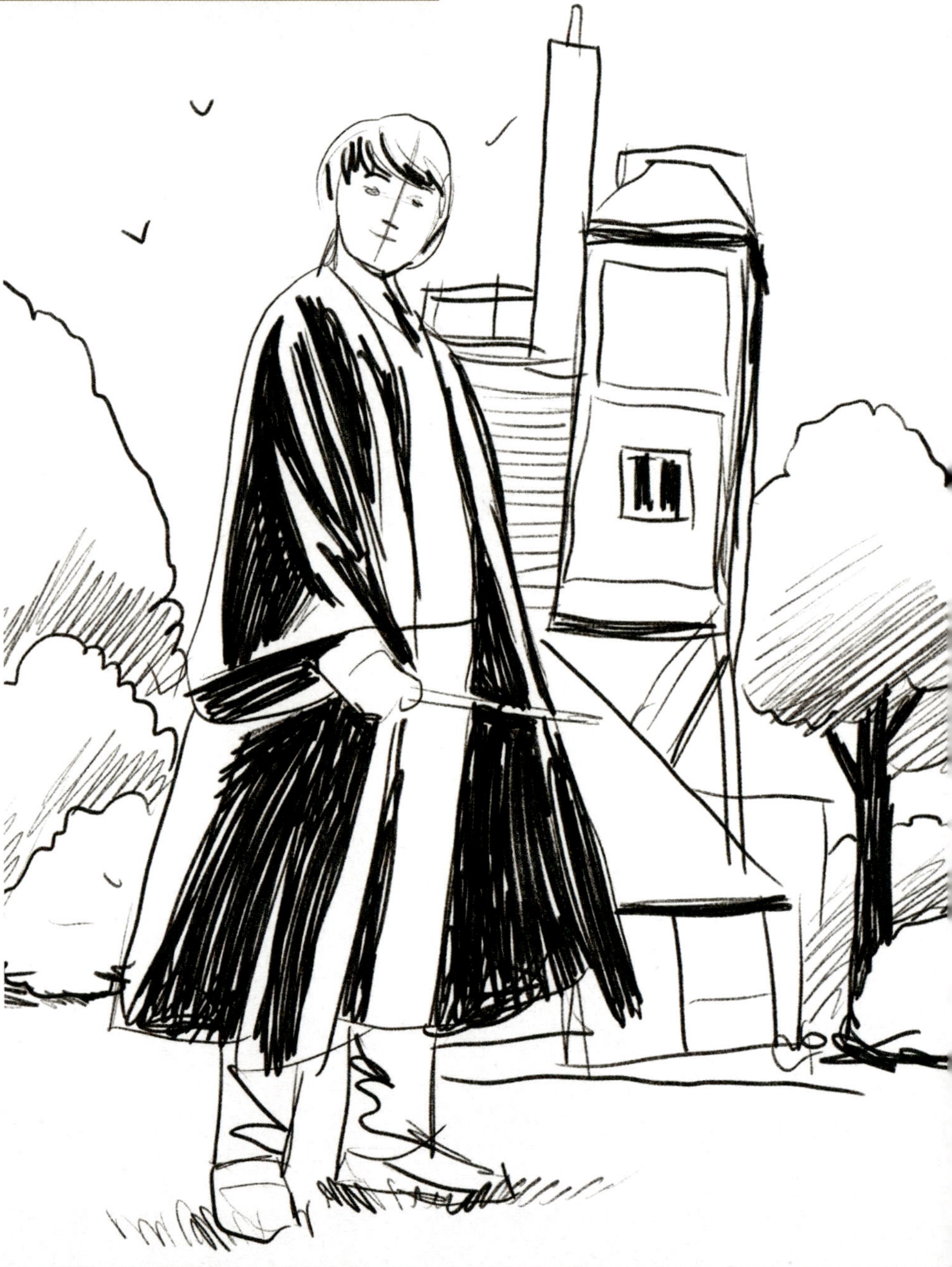

GROBE EINTEILUNG

Benutze das Foto des Fuchsbaus als Inspiration. Das bedeutet, dass du nicht alles genauso darstellen musst, wie du es siehst! Du kannst bestimmen, wie sehr du dich ans Original halten und wie viel davon du zeigen willst. Es ist zwar die Zauberwelt, aber es ist auch ***deine*** Welt!

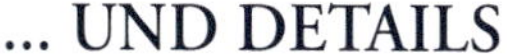

AUSARBEITUNG

Wenn du mit deiner groben Hintergrundskizze zufrieden bist, verfeinere die Struktur und arbeite das Gebäude sowie die Bäume aus.

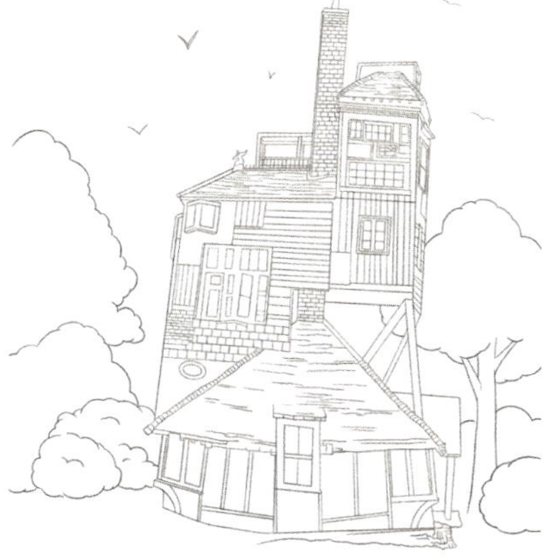

SCHATTEN …

Achte auf die Ziegel des Schornsteins – mache einige davon dunkler und lasse einige hell. Das erzeugt Tiefe.

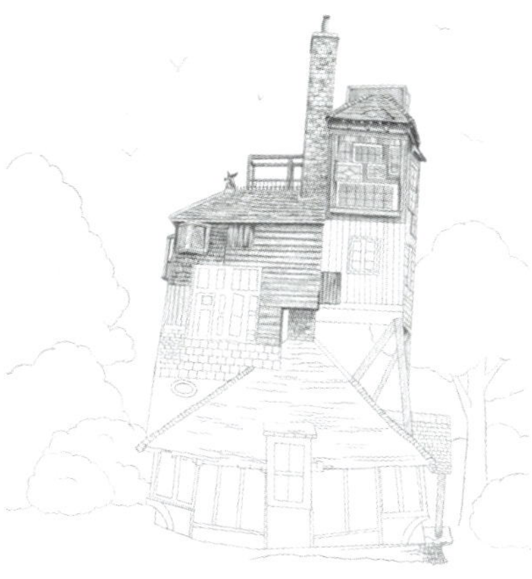

… UND DETAILS

Schattiere nun all die Details, die den Fuchsbau ausmachen – das Holz, das Dach, die Fenster und so weiter.

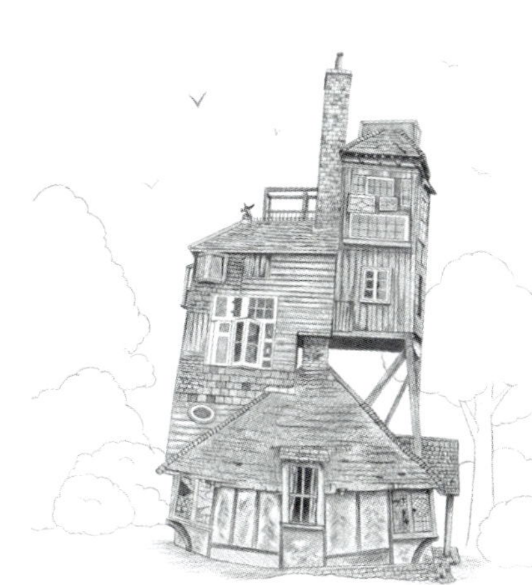

LANDSCHAFT

Wenn du mit dem Haus zufrieden bist, kümmere dich um die Landschaft. Schattiere die Bäume und Büsche in der Umgebung des Hauses.

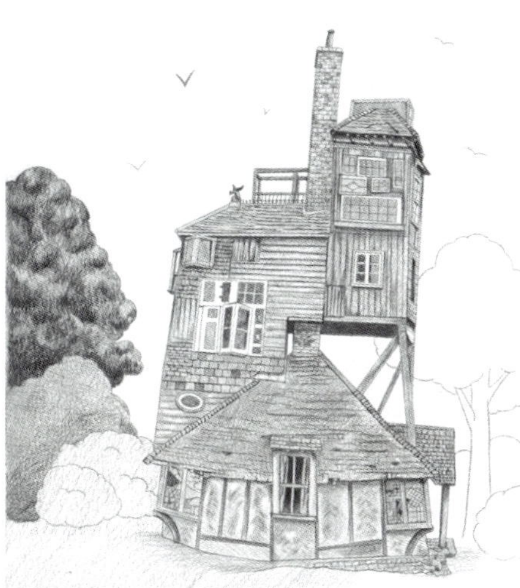

KOMPOSITION

Nun kannst du Ron in deine Zeichnung einfügen! Zeichne Grasbüschel um seine Füße, um ihn auf dem Boden zu verankern – ähnlich wie du es bei Harry und Hermine getan hast.

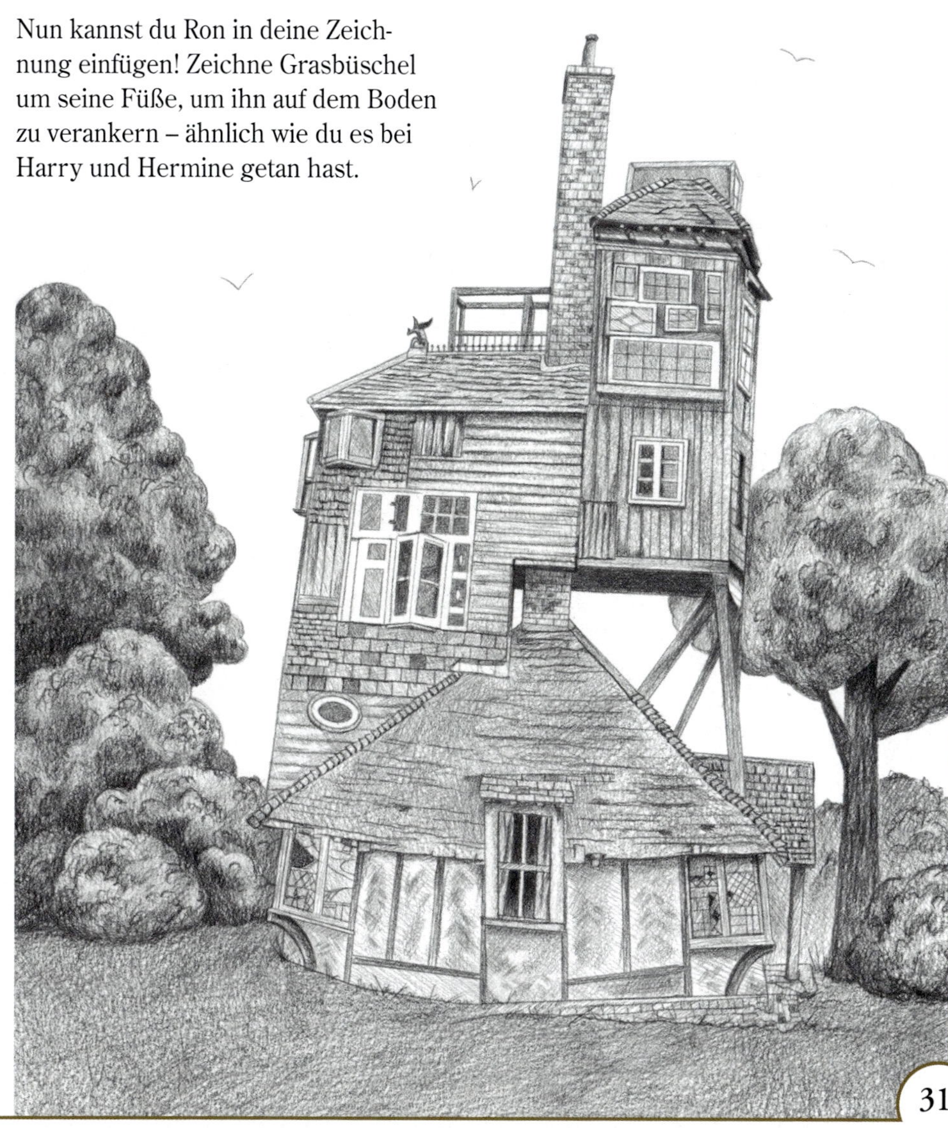

GEWUSST, WIE!

Der Fuchsbau ist besonders lustig zu zeichnen, da er allen Regeln widerspricht. Oder hast du in der Realität schon einmal ein Haus wie dieses gesehen? Übertreibe es ruhig mit den Eigenheiten, Winkeln, Schrägen etc. Lasse dich beim Zeichnen einfach treiben, und am Ende wird die Szene vor Leben nur so sprühen.

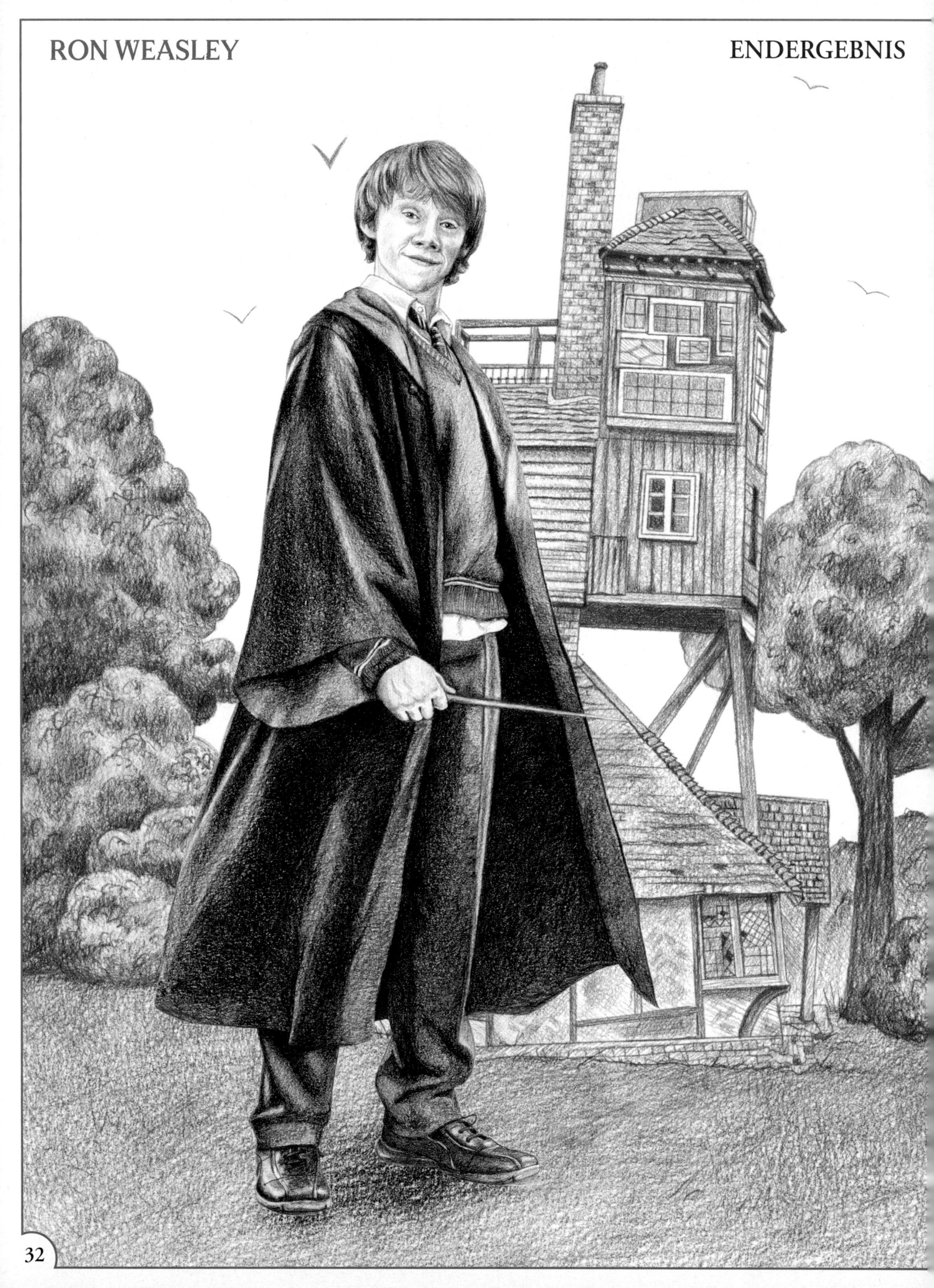

HEDWIG

Harry Potter bekam die Schneeeule Hedwig an seinem 11. Geburtstag von Rubeus Hagrid. Außerdem schenkte ihm der Wildhüter von Hogwarts eine Torte mit dem Schriftzug „Happee Birthdae Harry“, aber das ist eine andere Geschichte. Hedwig begleitete Harry in seinem ersten Schuljahr nach Hogwarts, wo sie bei dem jungen Schüler lebte. Wie andere Eulen überbrachte sie die Post – in Harrys Fall Briefe an ihn und von ihm. Die intelligente Eule erwies sich aber auch als loyale und einfühlsame Gefährtin für den Jungen. Während der Sommermonate, die Harry fernab von Hogwarts bei den alles andere als magischen Dursleys verbringen musste, war Hedwig oft seine einzige Erinnerung daran, dass es überhaupt so etwas wie eine Zauberwelt gab.

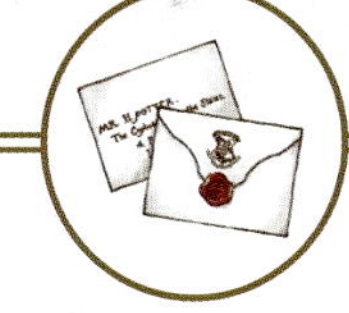

- Hagrid besorgte die Eule in einem Laden in der Winkelgasse, während Harry seinen allerersten Zauberstab in Ollivanders Zauberstabladen bekam.
- Hedwig würde alles tun, um Harry zu beschützen. Sie nahm es sogar mit Todessern auf, die Lord Voldemort auf Harry angesetzt hatte.

GEWUSST, WIE!

Hedwig bietet dir die Gelegenheit, deine künstlerischen Fähigkeiten weiter auszubauen. Wie du sehen wirst, ist es eine ganz unterschiedliche Herausforderung, Tiere und Menschen zu zeichnen. Hier sind Fotos besonders nützlich. Wirf beim Zeichnen von Hedwig also immer wieder einen Blick auf diese Seite.

GRUNDGERÜST

Beginne zunächst wie bei den Menschen mit einer einfachen Figur aus Strichen. Deute Hedwigs Flügel an und zeichne einen Kreis in der Mitte als Kopf. Skizziere Schultern und Wirbelsäule mithilfe einer T-Form und füge darunter Striche für Hüften und Beine hinzu.

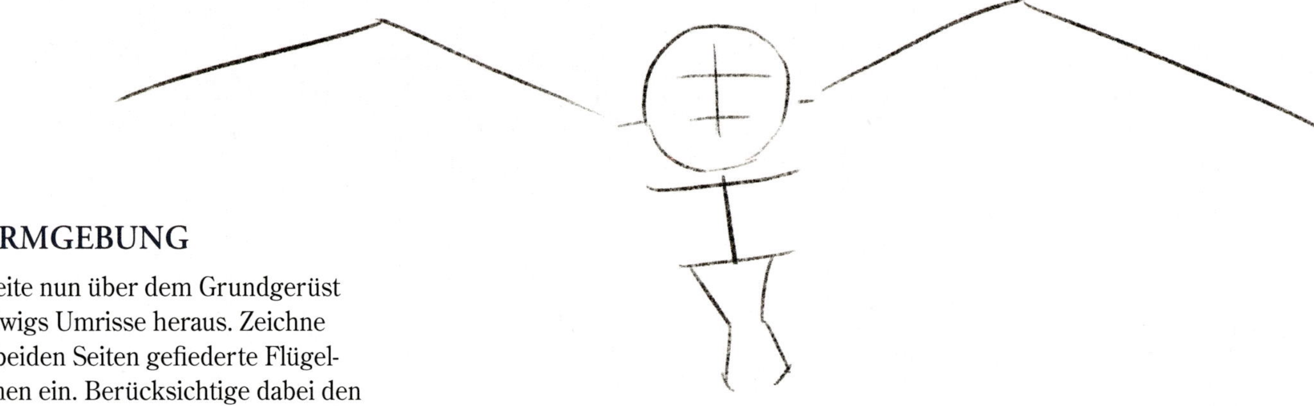

FORMGEBUNG

Arbeite nun über dem Grundgerüst Hedwigs Umrisse heraus. Zeichne auf beiden Seiten gefiederte Flügelformen ein. Berücksichtige dabei den Winkel der Flügel. Füge nun die Form des Körpers hinzu und sorge dafür, dass sie von oben nach unten spitz zuläuft. Zum Schluss kommen die ausgestellten Federn dran, die Hedwigs Schwanz bilden.

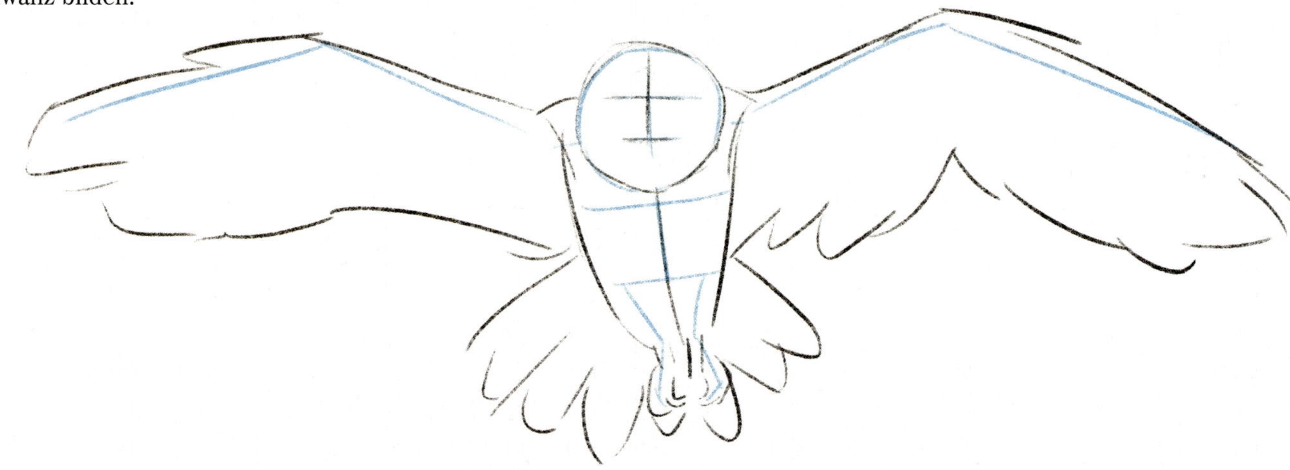

GEWUSST, WIE!

Konzentriere dich an dieser Stelle auf Hedwigs Gesamtform und vergewissere dich, dass die Proportionen dem Foto entsprechen. Was heißt das? Nun, man könnte auch sagen: „Zeichne die Flügel nicht zu groß oder zu klein, sonst sieht Hedwig nicht nach Hedwig aus!"

AUSARBEITUNG

Nun wird's wirklich interessant. Es ist Zeit, die Form von Hedwigs Flügeln zu verwandeln und die einzelnen Federn darzustellen. Du kannst das Foto von Seite 33 zu Hilfe nehmen, aber keine Bange, es muss nicht jede einzelne Feder erfasst werden. Solange die Flügel die richtige Größe und Form haben, sieht es gut aus.

GEWUSST, WIE!

Das Zeichnen von Tieren stellt jeden Künstler vor ganz einmalige Herausforderungen. Beachte zum Beispiel bei Hedwig, wie ihr Kopf geradezu mit dem Körper verschmilzt – im Gegensatz zu Menschen, bei denen der Hals zu sehen ist, der Kopf und Torso deutlich voneinander abgrenzt. Betrachte die ausgebreiteten Flügel – sie ähneln zwar Armen, funktionieren aber anders als menschliche Gliedmaßen und bewegen sich daher anders. Um deine Zeichenkünste zu verbessern, kann es sehr hilfreich sein, die Bewegungen der Tiere zu beobachten – schau dir ruhig Videos online an, um einen besseren Eindruck von den Tieren zu erhalten.

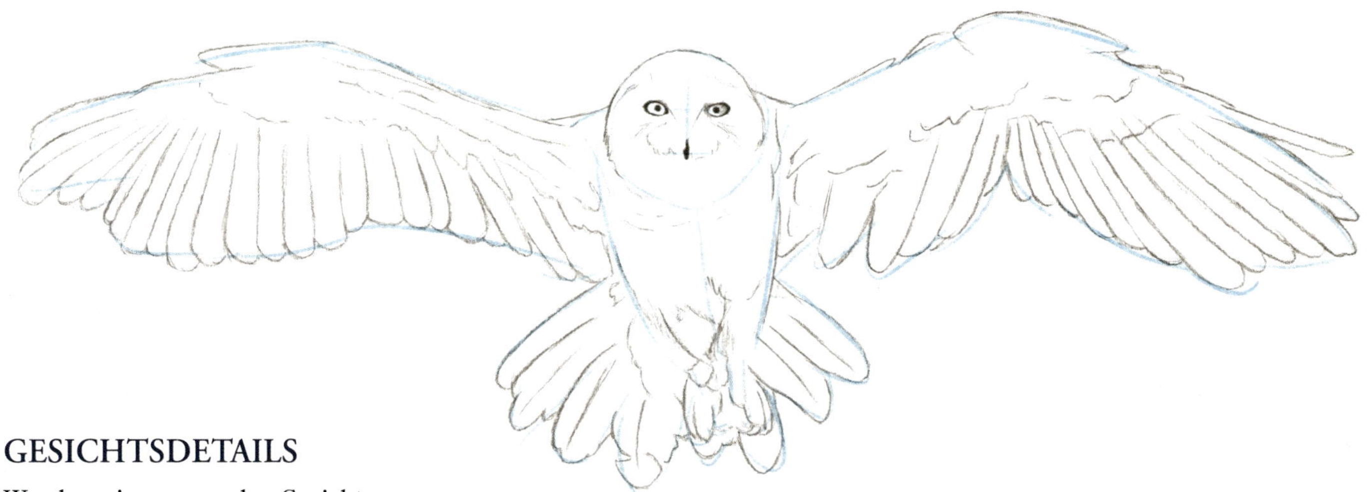

GESICHTSDETAILS

Wenden wir uns nun den Gesichtszügen zu. Zuvor hast du die Augen und den Schnabel angedeutet. Nun geht es darum, diese Elemente mit dem Bleistift herauszuarbeiten. Ebenso kannst du ein paar der gepunkteten Details auf Hedwigs Kopf hinzufügen und Bereiche des Körpers schattieren.

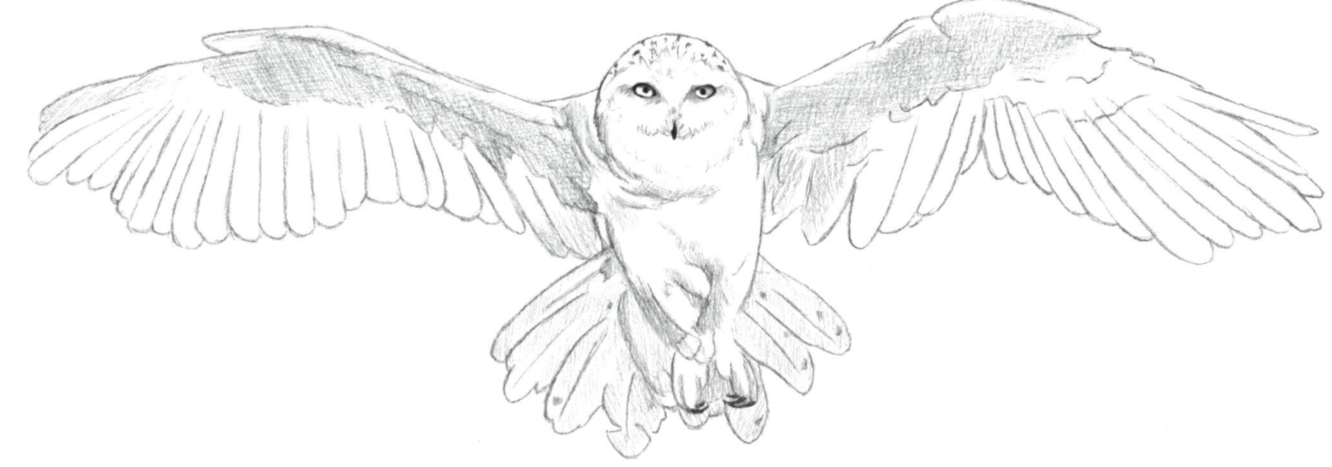

HEDWIG

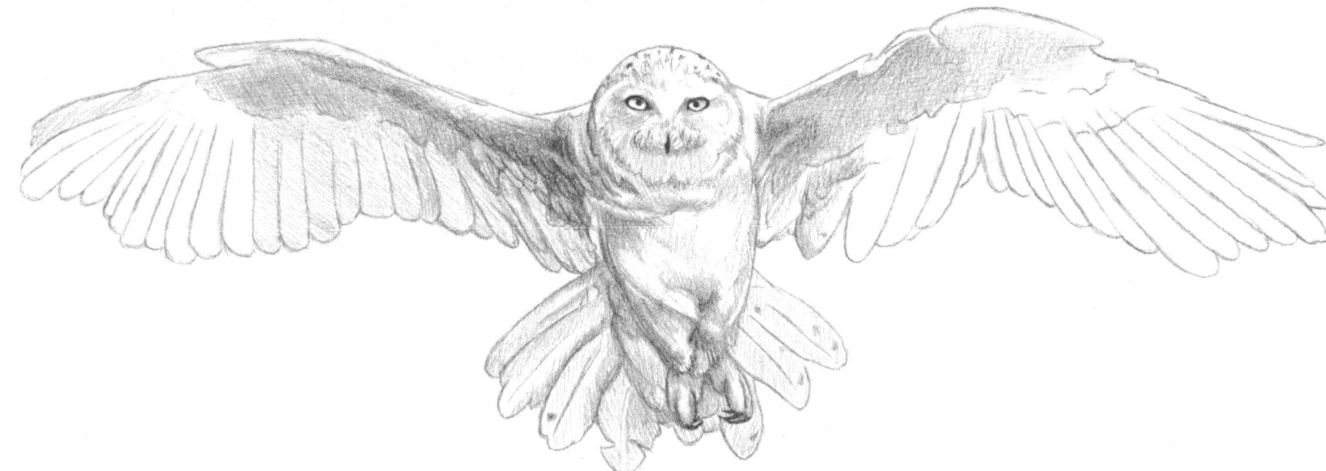

KÖRPERDETAILS

Nun kannst du intensiver an Hedwigs Körper arbeiten. Füge Schatten hinzu, die die Gestalt der Schneeeule klarer definieren. An dieser Stelle kannst du die Beine unten einzeichnen. Achte darauf, dass sie sich deutlich vom Schwanz abheben.

GEWUSST, WIE!

Betrachte das Foto, um zu sehen, wie sich das Licht auf Hedwigs Körper verhält. Achte auf die Bereiche, die hell sind, und jene im Schatten. Beachte die Bereiche auf Hedwigs Flügeln, die dicht am Körper liegen – das Licht dringt dort nicht so stark hin, daher sollten sie etwas dunkler sein.

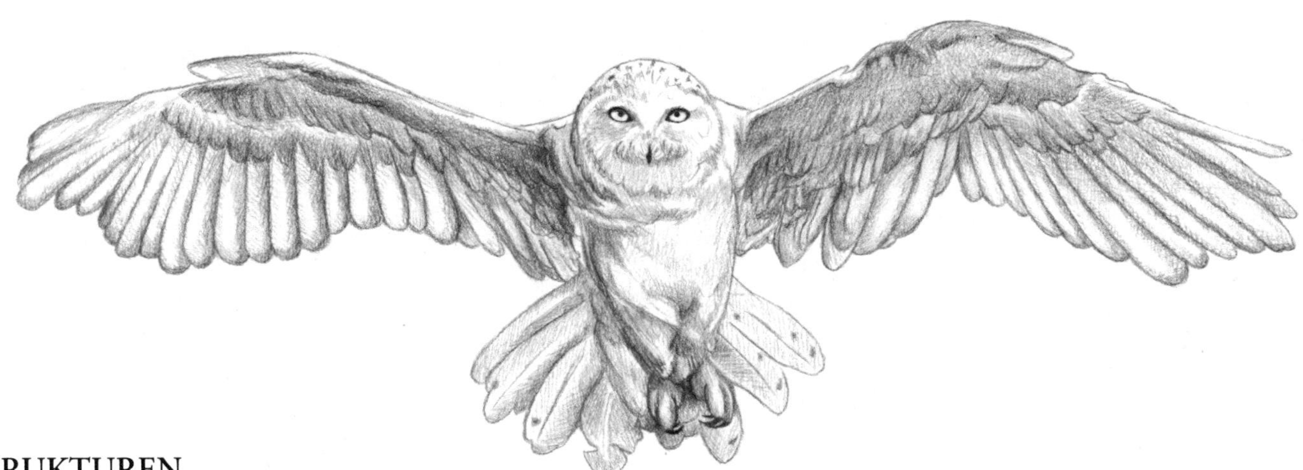

STRUKTUREN

Deine erste Zeichnung von Hedwig ist fast fertig – du solltest jemanden per Eulenpost benachrichtigen! Und es ist Zeit, größeres Augenmerk auf den oberen Bereich von Hedwigs Flügeln zu legen. Auf den zuvor grob schattierten Flächen kannst du nun einzelne Federn andeuten. Beachte, dass diese Federn viel kleiner sind als die im unteren Bereich.

GEWUSST, WIE!

Du kannst die Federn unten an Hedwigs Flügeln weiter ausarbeiten und durch den Einsatz von Schatten den Eindruck von Tiefe erwecken (etwa wenn eine Feder die andere überschneidet). Siehst du, wie eine Seite und die Spitze jeder Feder unten am Flügel schattiert sind? Es wirkt so, als würden sie einander überlappen.

VORLAGE

Als passenden Hintergrund für Hedwig haben wir eine stimmungsvolle Szene mit Hogwarts und der Peitschenden Weide gewählt.

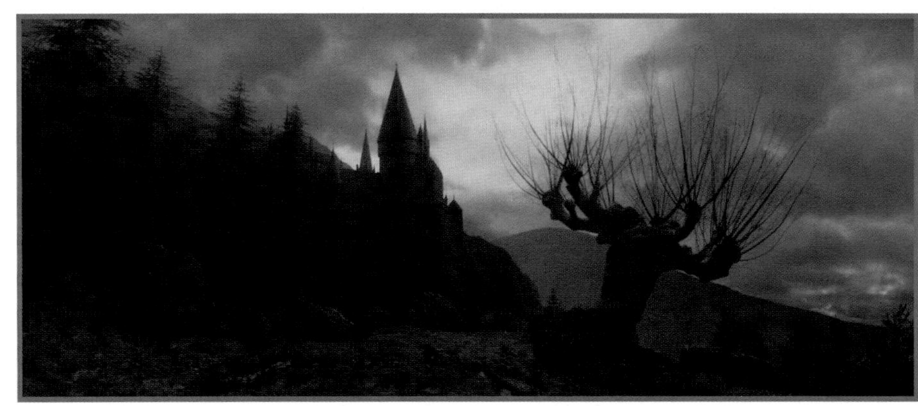

GROBE EINTEILUNG

Skizziere die Hintergrundelemente zunächst rund um Hedwig herum, und zwar so, wie sie deiner Meinung nach passen. Wie bereits erwähnt, geht es nicht darum, das Bild exakt zu kopieren, sondern die Stimmung einzufangen. Wenn du magst, kannst du zum Beispiel die Peitschende Weide deutlicher hervortreten lassen.

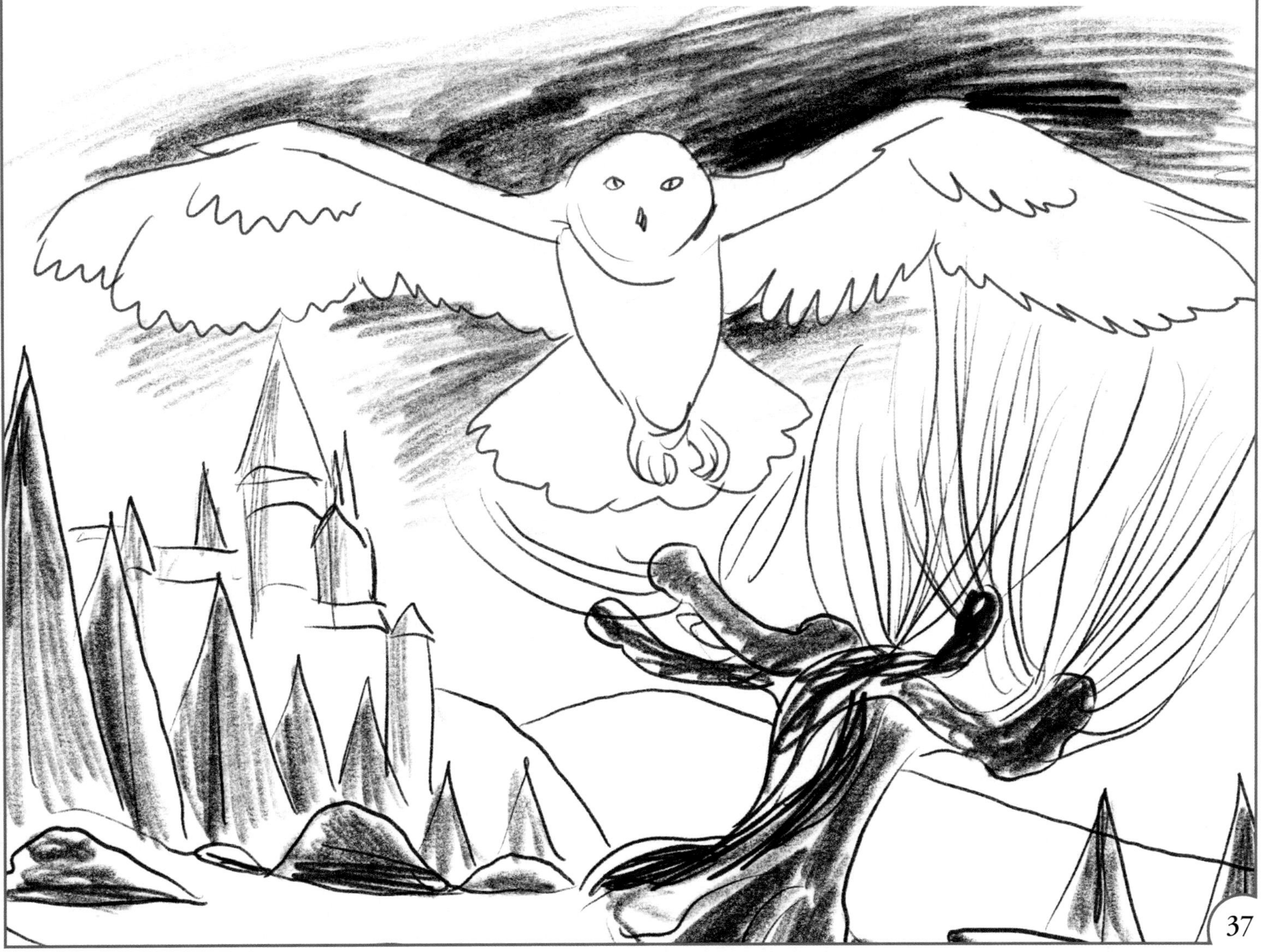

AUSARBEITUNG

Wenn du die Grundformen deines Hintergrunds skizziert hast, kannst du damit beginnen, etwas Struktur in die Bauten und das Gelände zu bringen.

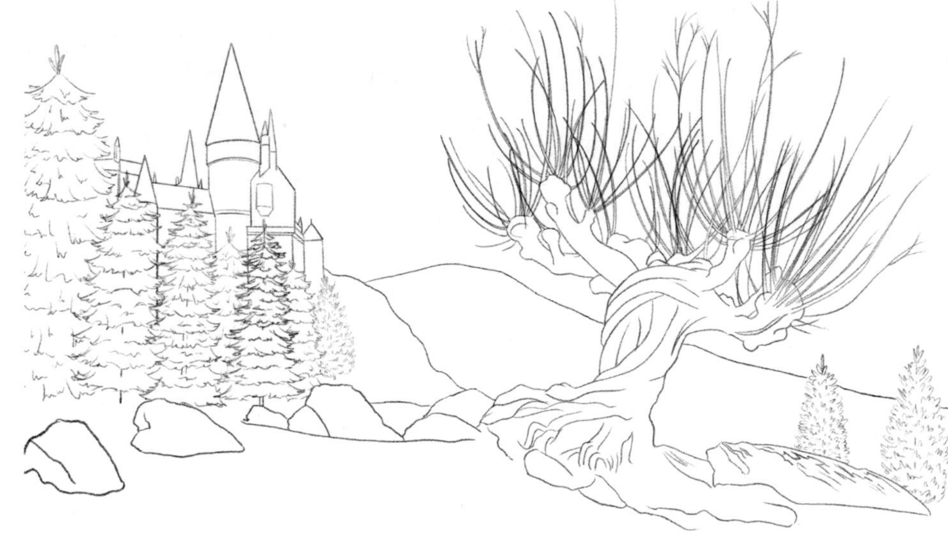

SCHATTEN UND DETAILS

Füge bei der Baumgruppe links im Hintergrund Schatten und Linien ein, um die unterschiedlichen Zweige anzudeuten. Du musst aber nicht jede einzelne Tannennadel einzeichnen! Vermittle einfach ein Gesamtbild von den Bäumen.

HINTERGRUND-DETAILS

Bedenke, dass man Schloss Hogwarts aus der Ferne sieht. Daher sind weniger Details zu erkennen. Schattiere auch den Boden und deute die unterschiedlichen Oberflächen der Felsen an.

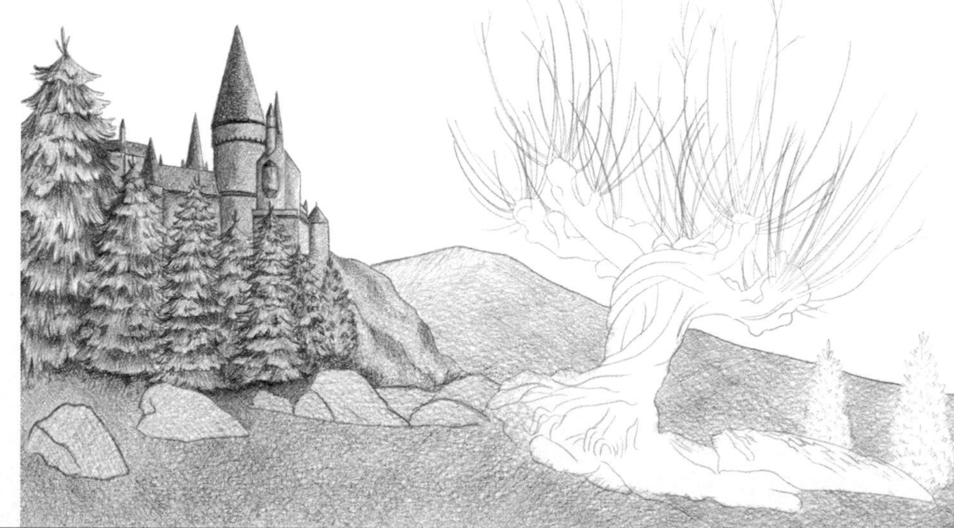

VORDERGRUND-DETAILS

Widme dich nun den Elementen im Vordergrund, beispielsweise der Peitschenden Weide. Da sie nicht so weit entfernt ist wie Schloss Hogwarts, sollten mehr Details erkennbar sein.

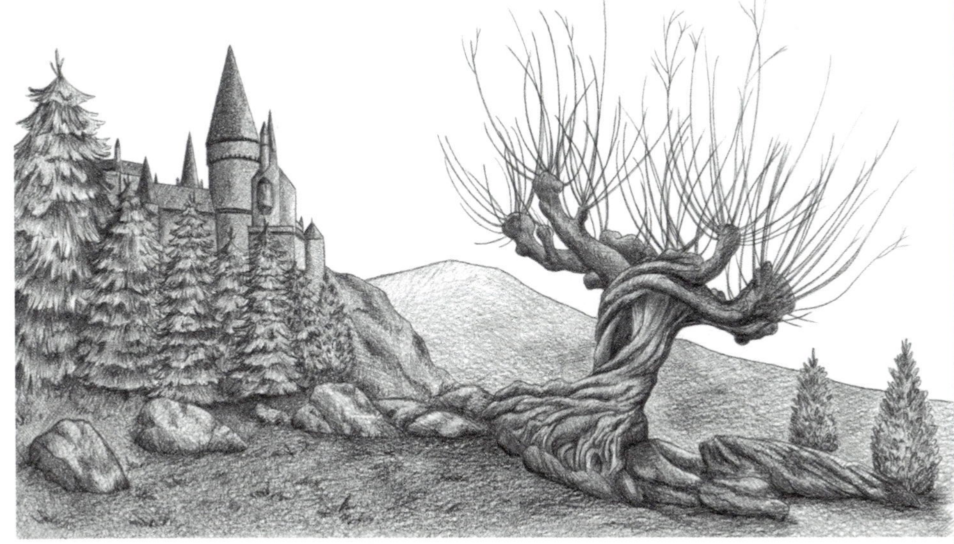

KOMPOSITION

Wir haben die fertige Zeichnung vergrößert, damit du sie dir näher ansehen kannst. Dieser Hintergrund würde zwar auch für Menschen passen, ist aber perfekt für Hedwig, da der weite Himmel zu sehen ist. Bedenke das, wenn du deine Figur im Bild platzierst.

GEWUSST, WIE!

Eine der Herausforderungen hier ist es, eine fliegende Figur wie Hedwig aus dem Hintergrund hervortreten zu lassen. Beachte die helleren Bereiche am Himmel, die unterhalb von Hedwig zu sehen sind, wenn du die Figur in den Hintergrund einbettest. Dadurch hebt sich die Figur vom Hintergrund ab.

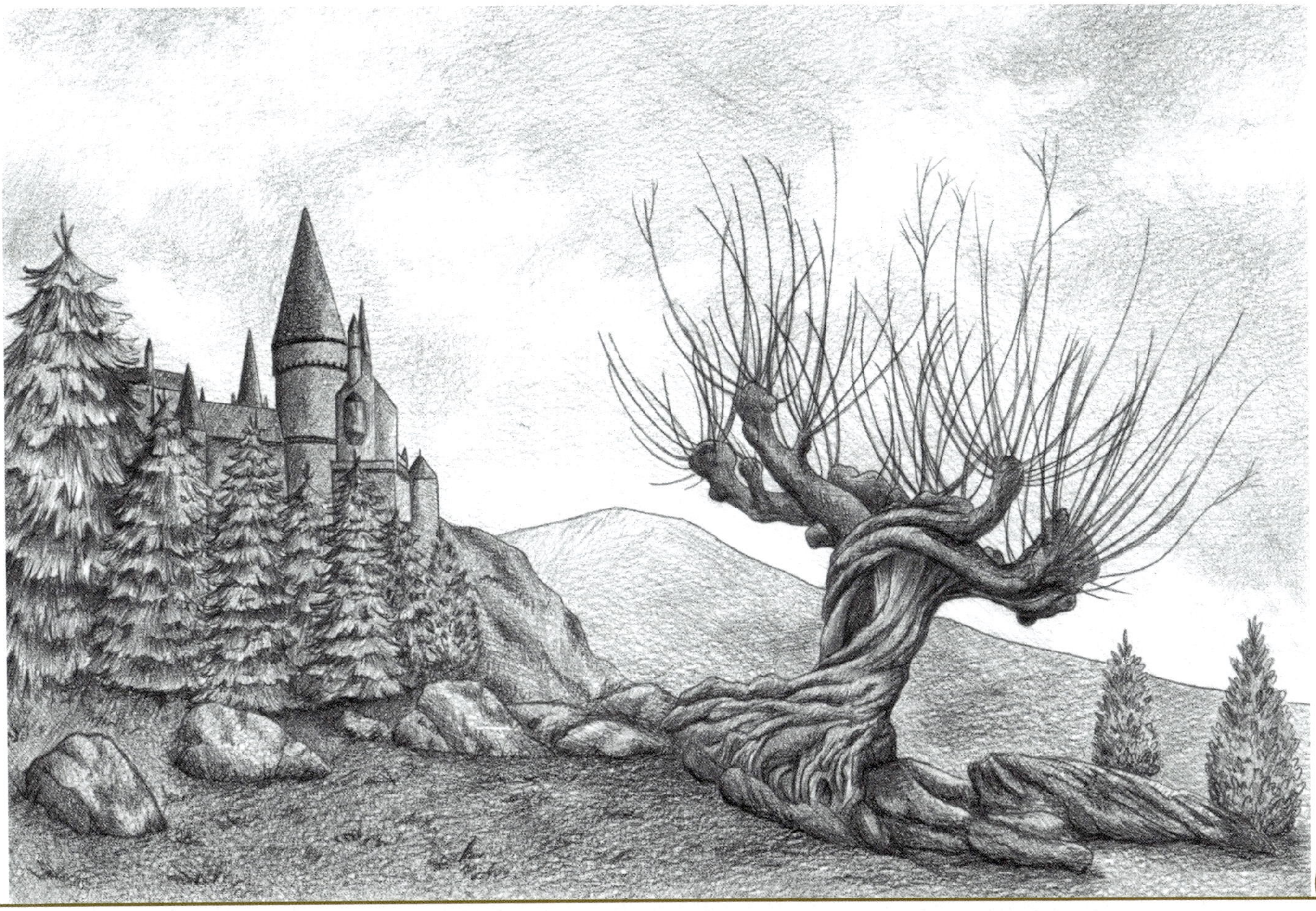

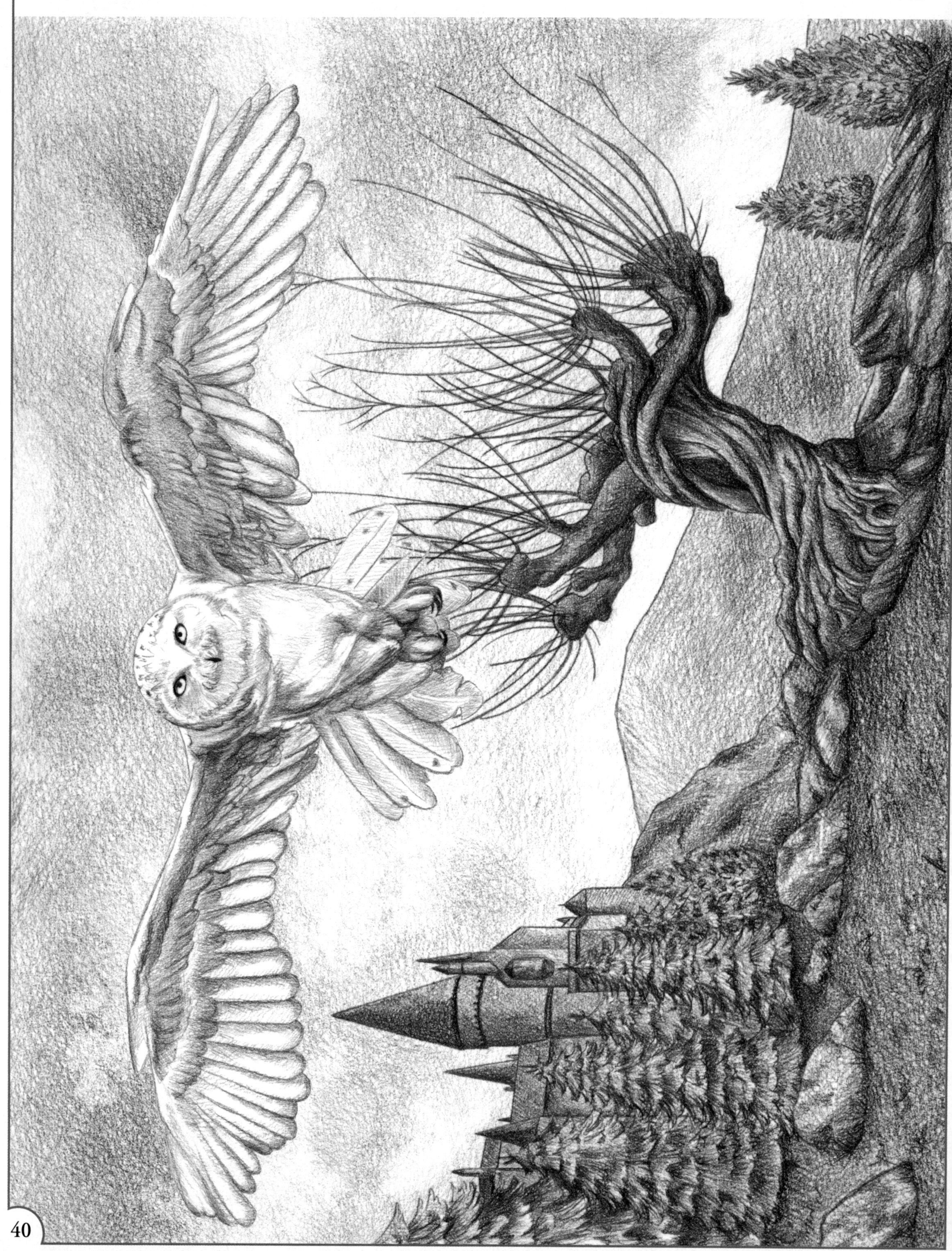

DOBBY

Der Hauself Dobby stand bei seiner ersten Begegnung mit Harry Potter im Dienste der Familie Malfoy, die ihn sehr schlecht behandelte. Trotzdem blieb er ein anständiger und freundlicher Hauself. Er versuchte, Harry im zweiten Schuljahr an der Rückkehr nach Hogwarts zu hindern, da er fürchtete, dass das Leben des Schülers dort in Gefahr wäre. Nach der Öffnung der Kammer des Schreckens (bei der Lucius Malfoy maßgeblich seine Hände im Spiel hatte) brachte Harry das Oberhaupt der Malfoys mit einem Trick dazu, Dobby eine Socke zu schenken. Mit dieser Geste war der Hauself aus den Diensten der Familie entlassen und meinte verzückt: „Dobby ist frei!"

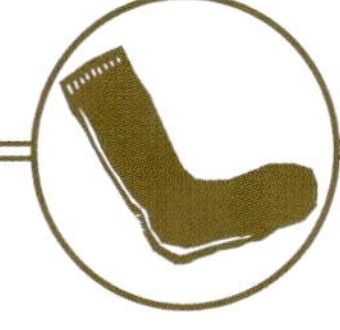

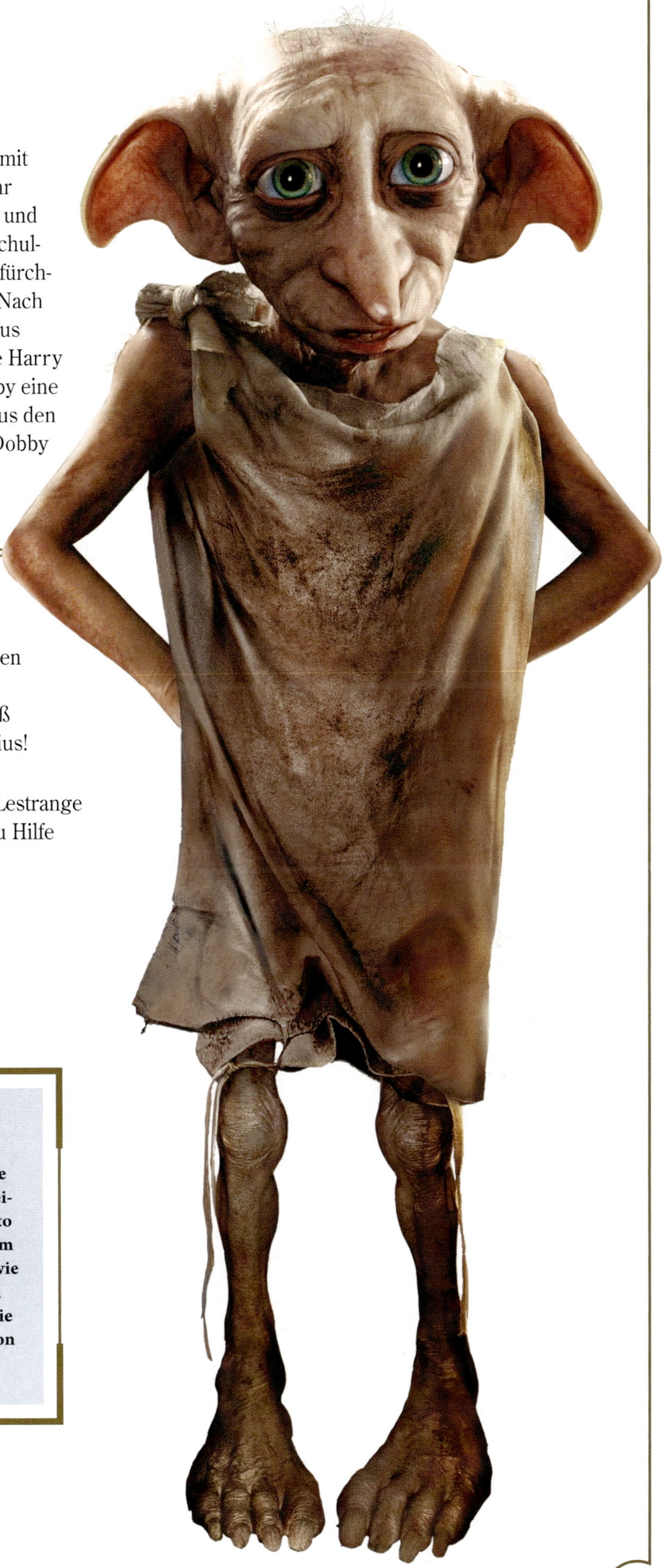

- Als der aufgebrachte Lucius versuchte, Harry wegen des Tricks mit der Socke anzugreifen, beschützte Dobby Harry mit einem mächtigen Zauber und ließ den Gegner durch die Luft fliegen. Nimm *das*, Lucius!

- Nachdem Harry und seine Freunde von Bellatrix Lestrange gefangen genommen wurden, eilte ihnen Dobby zu Hilfe und opferte sein Leben, um sie zu beschützen.

GEWUSST, WIE!

Dobby, der Hauself, bietet dir die Möglichkeit, deine Kreativität weiter zu entfalten. Schau dir das Foto auf dieser Seite genau an, vor allem die Form von Ohren und Nase sowie die riesigen Augen. Denke beim Zeichnen immer wieder daran, wie unterschiedlich der Körperbau von Hauselfen und Menschen ist!

DOBBY

GRUNDGERÜST

Wenn du die Grundzüge für Dobby festlegst, wirst du feststellen, dass sich die Proportionen des Hauselfen stark von denen der menschlichen Figuren unterscheiden, die du bisher gezeichnet hast. Dobbys Kopf ist fast genauso groß wie sein Oberkörper. Behalte diese Proportionen stets im Hinterkopf.

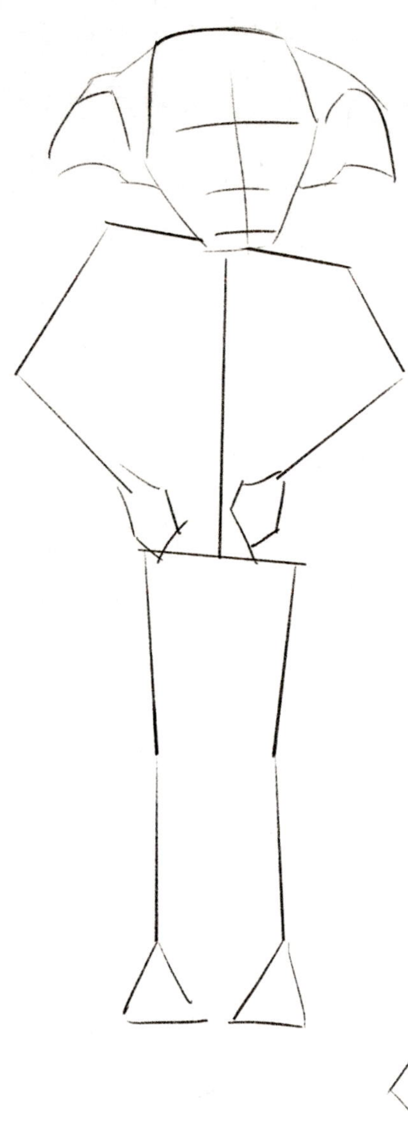

GEWUSST, WIE!

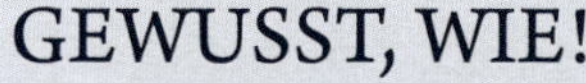

Dobbys Mund sitzt viel weiter unten im Gesicht, als es bei Menschen wie Hermine oder Ron der Fall wäre. Wenn du mithilfe der drei Linien Augen, Nase und Mund andeutest, vergiss nicht, den Mund tief unten zu platzieren. Sonst wäre Dobbys Mund dort, wo sich seine Nase befindet!

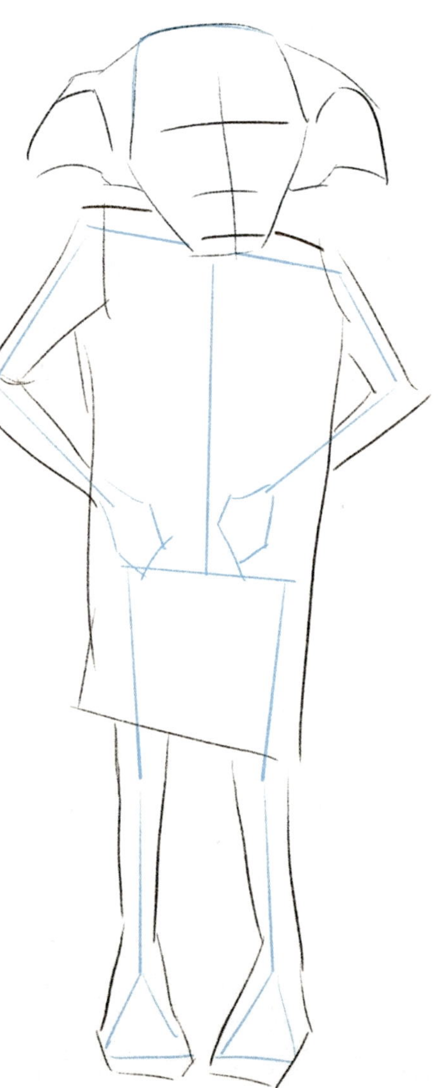

FORMGEBUNG

Beim Festlegen der Formen, die Dobbys Körper bestimmen, gilt es einiges zu berücksichtigen. Schau dir an, wie seine Füße leicht nach innen gedreht sind – folglich sollten auch die Zehen nach innen zeigen. Dobby kann mitunter schüchtern und scheu sein. Die Position seiner Schultern drückt diesen Wesenszug aus.

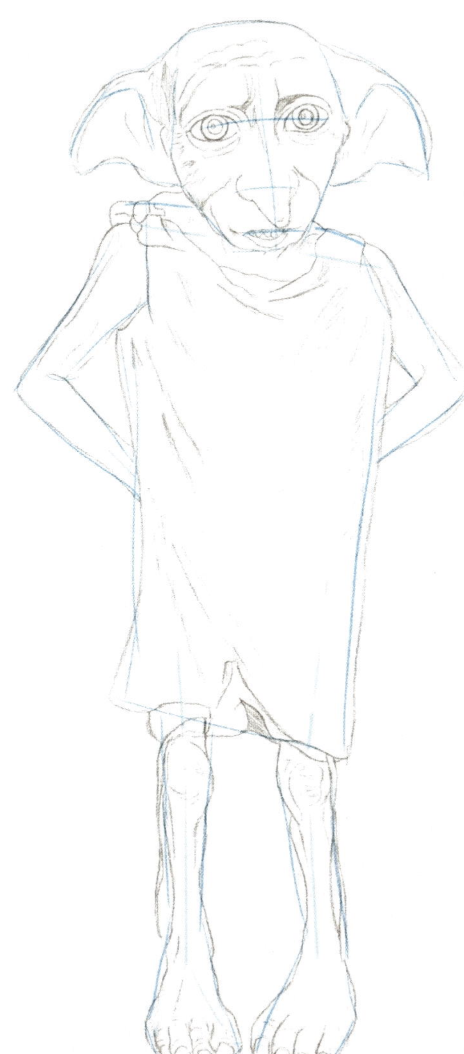

AUSARBEITUNG

Bei Dobby ist auch seine dünne, zerbrechliche Figur zu beachten. Seine Arme und Beine sind nicht besonders dick, und der Hauself hat knöcherne Knie. Achte darauf, ihn nicht zu füllig darzustellen, sonst sieht er nicht nach Dobby aus.

GEWUSST, WIE!

Gestalte die unterschiedlichen Falten auf Dobbys Haut ruhig mit kräftigeren Bleistiftstrichen. Diese Falten zeigen sich in Dobbys gerunzelter Stirn, rund um seine Augen, auf den Wangen und auf beiden Seiten der Nase. Erzeuge einen Kontrast mit dunkleren und helleren Strichen. So treten die Falten stärker hervor.

GESICHTSDETAILS

Dobbys Züge sind ganz anders als die der bisherigen Figuren. Von den großen, nach unten zeigenden Segelohren und den riesigen, ausdrucksstarken Augen über die lange, spitze Nase bis zu dem scheuen, freundlichen Grinsen verrät Dobbys Aussehen so einiges über ihn. Betrachte immer wieder das Foto von Seite 41, um das unverkennbare Äußere des Hauselfen einzufangen.

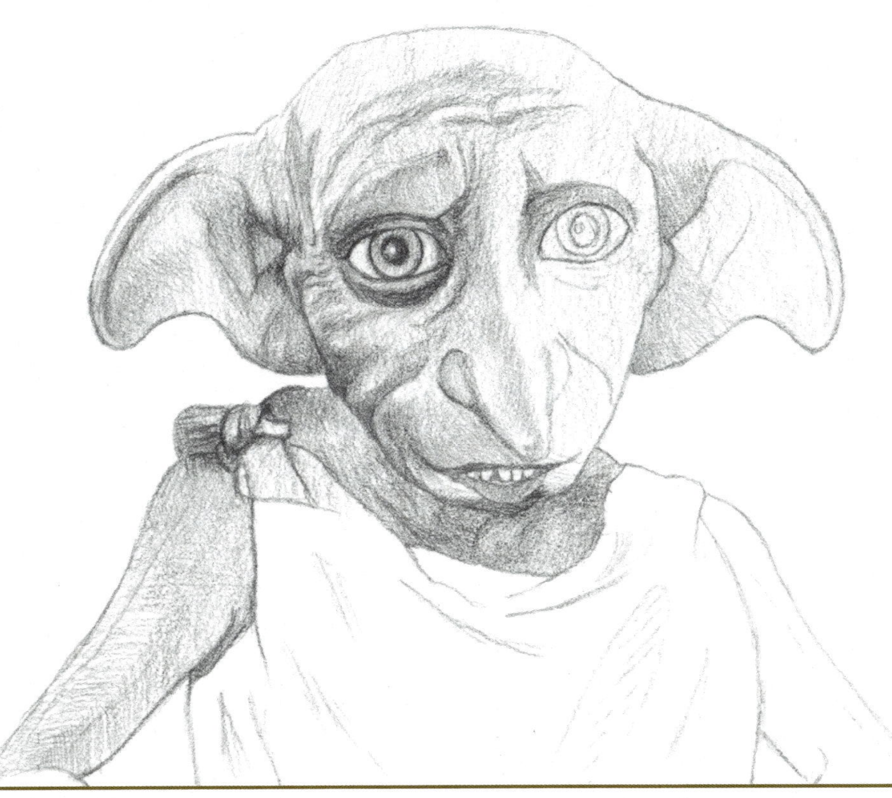

DOBBY

KÖRPERDETAILS

Nun sind der Oberkörper und die Arme an der Reihe. Achte beim Schattieren darauf, dass Dobbys bescheidene Kleidung lose am Körper herabhängt. Falten vermeiden den Eindruck, der Stoff würde eng anliegen.

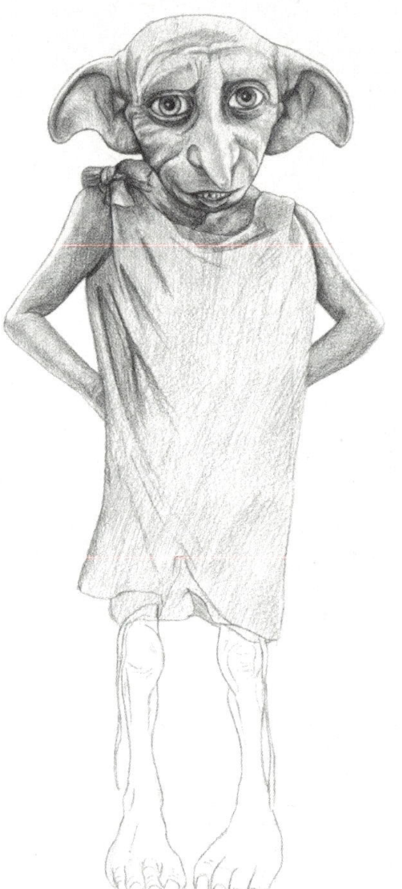

GEWUSST, WIE!

Für die verschiedenen Falten in Dobbys Gesicht und Kleidung solltest du die Striche unterschiedlich kräftig zeichnen. Dies erreichst du, indem du den Bleistift mal mehr, mal weniger auf das Papier drückst. Dieser kleine Kniff schafft starke Kontraste und lässt deine Zeichnung lebendig wirken.

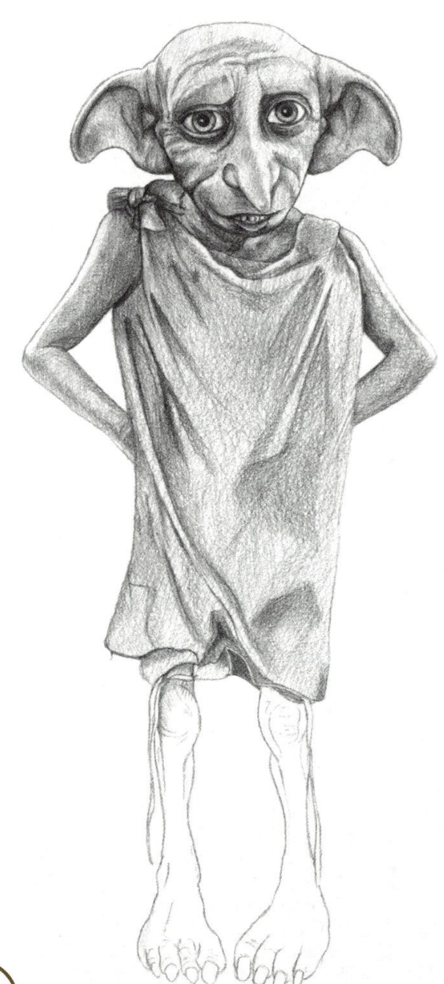

STRUKTUREN

Zusätzlich zu den Falten kannst du die Beschaffenheit von Dobbys Kleidung herausarbeiten. Wirf einen Blick auf das Bild von Seite 41, um einen Eindruck davon zu erhalten, woraus die Kleidung besteht. Bedenke auch, dass Dobbys Gewand nicht neu ist, sondern ziemlich abgetragen und schmutzig aussieht. In deiner Zeichnung kannst du das mit dunkleren, schraffierten Mustern darstellen.

GEWUSST, WIE!

Wenn du die Vorlage genau betrachtest, erkennst du, wie uneben und fleckig Dobbys Hautton ist, besonders an den Armen. Das kannst du in deine Zeichnung übertragen, indem du seine Haut mal heller, mal dunkler gestaltest. So wirkt dein Bild realistischer (was selbst bei einer so magischen Figur wie einem Hauselfen wichtig ist!).

ENDERGEBNIS

Vergiss bei der Fertigstellung nicht, die kleinen Falten auf seinen knöchrigen Knien darzustellen und die fleckige Haut mithilfe heller und dunkler Bereiche anzudeuten. Zu beachten sind auch die beiden Stoffstreifen neben Dobbys Beinen. Sie sollten nicht mit den Beinen verschmelzen, sonst wirkt es so, als würden sie zum Körper gehören.

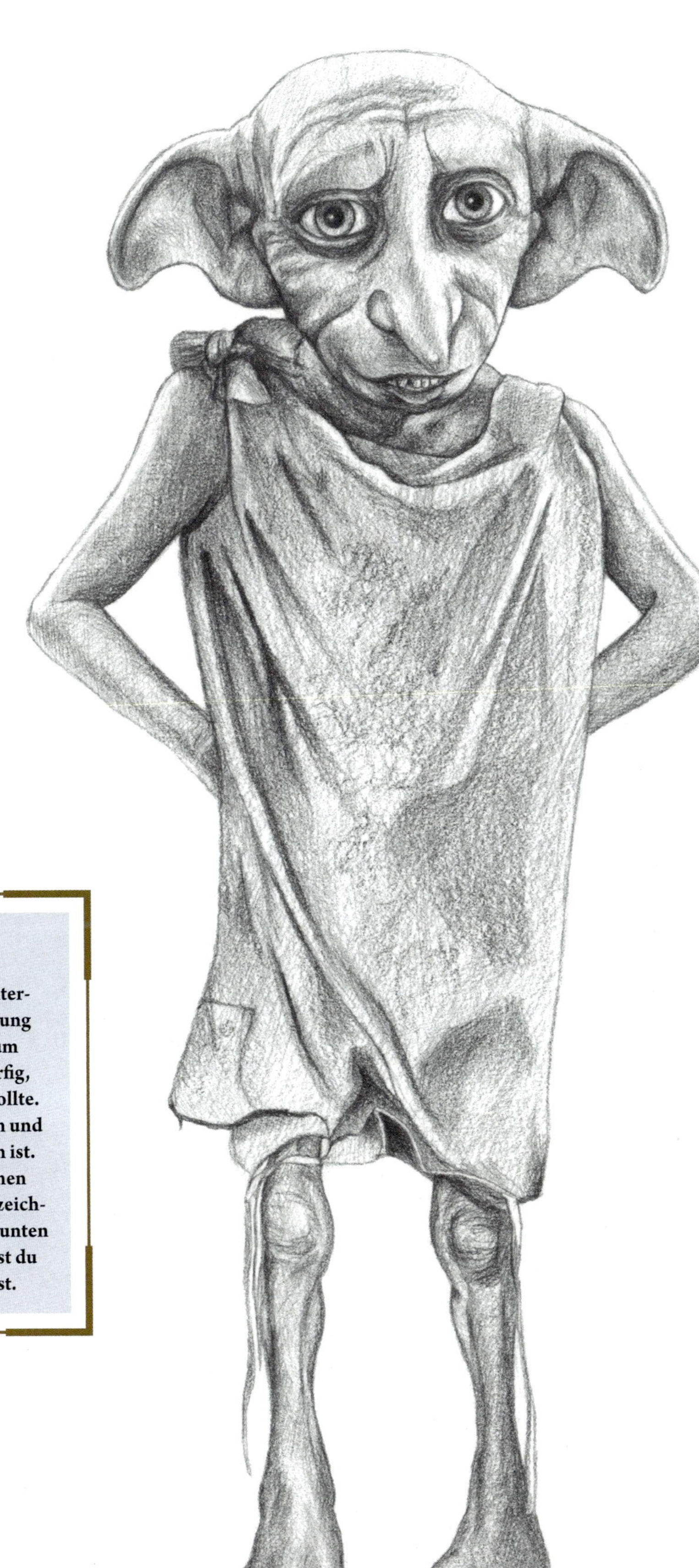

GEWUSST, WIE!

Zur Übung kannst du Dobby mit unterschiedlicher Mimik und Körperhaltung zeichnen. So wirkte der Hauself zum Beispiel gar nicht mehr so unterwürfig, als Lucius Malfoy Harry angreifen wollte. Er stellte sich dem Zauberer entgegen und bewies, dass mit ihm nicht zu spaßen ist. Verpasse Dobby einen entschlossenen Blick, indem du die Augenbrauen so zeichnest, dass sie sich über der Nase nach unten ziehen. Statt eines Grinsens zeichnest du die Lippen fest aneinandergepresst.

DOBBY

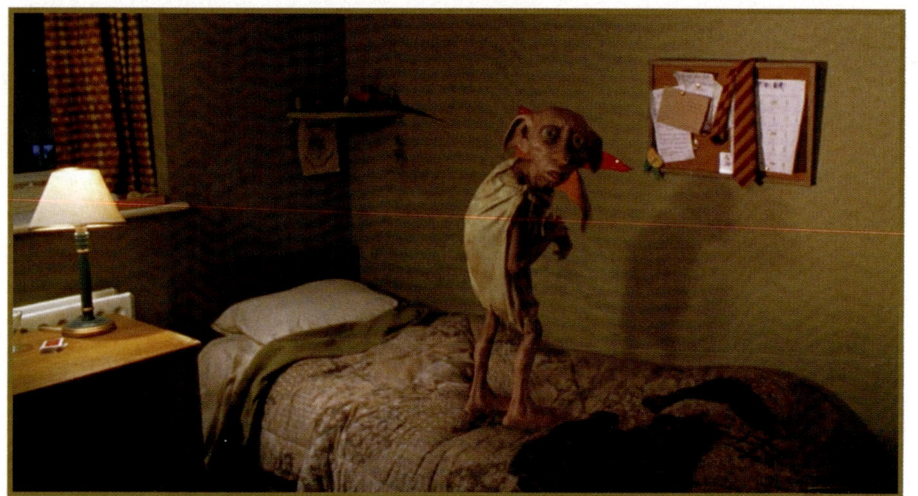

VORLAGE

Da Harry maßgeblich an Dobbys Befreiung beteiligt ist, bietet sich als Hintergrund Harrys Zimmer bei den Dursleys im Ligusterweg an. Der Raum selbst wirkt zwar unscheinbar, aber es macht Spaß, die vielen Details zu zeichnen.

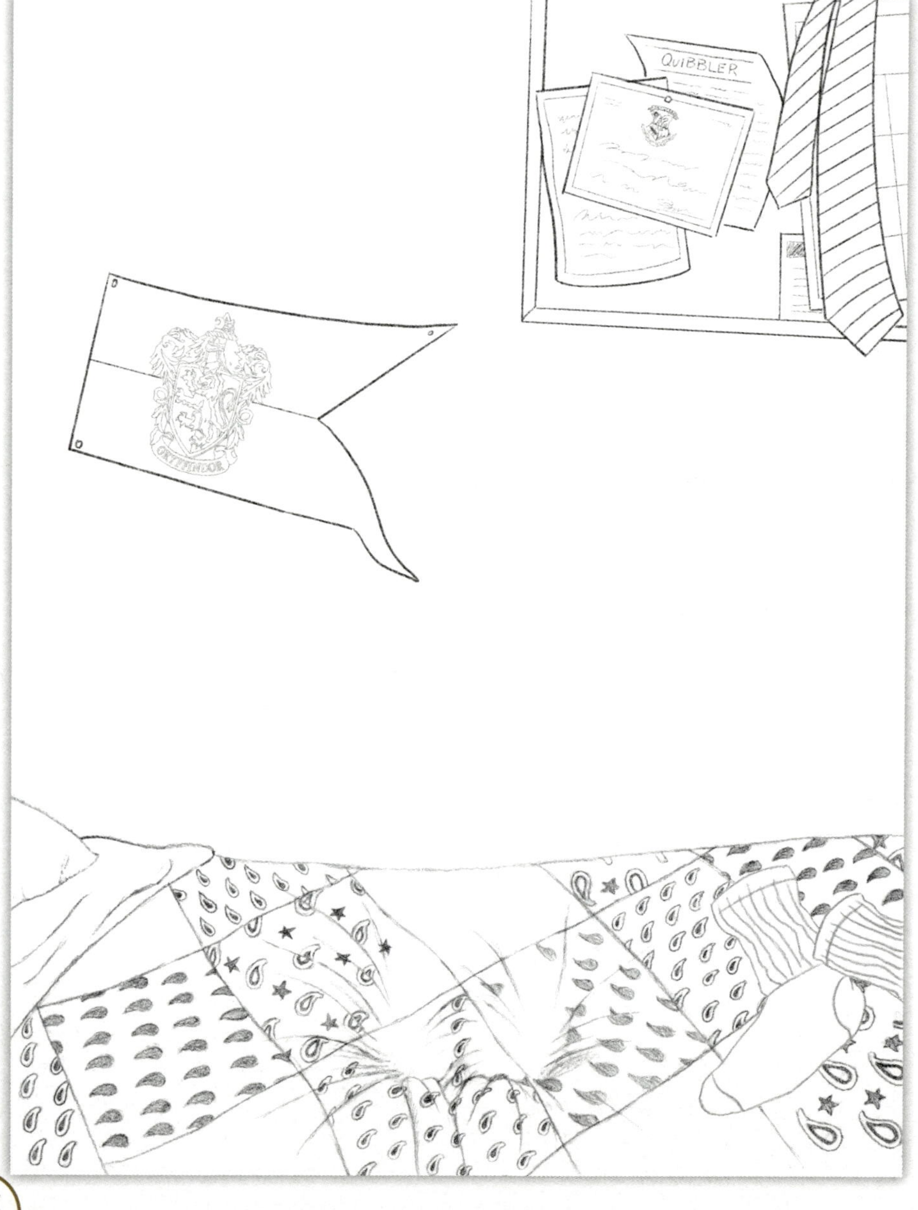

GEWUSST, WIE!

In diesem Beispiel heben wir die Figur durch starke Lichtkontraste vom Hintergrund ab. Um den gewünschten Effekt zu erzielen, muss die Wand im Hintergrund so hell wie möglich bleiben – mache die Bleistiftstriche hier also auf keinen Fall zu dunkel.

GROBE EINTEILUNG

Überlege dir, welche Elemente zu deiner Zeichnung passen. Die Pinnwand steckt voller witziger Details: Man sieht zum Beispiel Harrys Schulkrawatte, aber auch unterschiedliche Zettel und die Zaubererzeitschrift *Der Klitterer*. Die Decke auf Harrys Bett ist ebenfalls mit kleinteiligen Mustern überzogen; vergiss nicht, zwei Einbuchtungen auf der Decke einzuzeichnen – dort, wo Dobby stehen soll.

SCHATTEN UND DETAILS

Zeichne im Hintergrund hellere und mittlere Schatten ein und verwende kräftigere, dunklere Schatten, um Dobby später vom fertigen Hintergrund abzusetzen. Tobe dich bei den Details ruhig aus – und achte darauf, dass die Socken auf Harrys Bett deutlich zu sehen sind (ein netter Insiderwitz für jeden, der Dobbys Geschichte kennt).

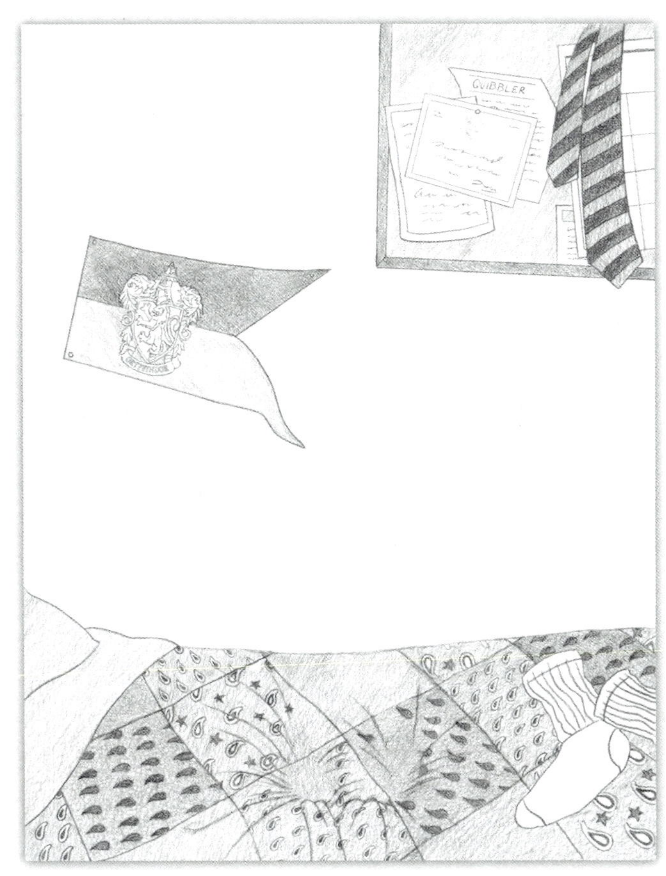

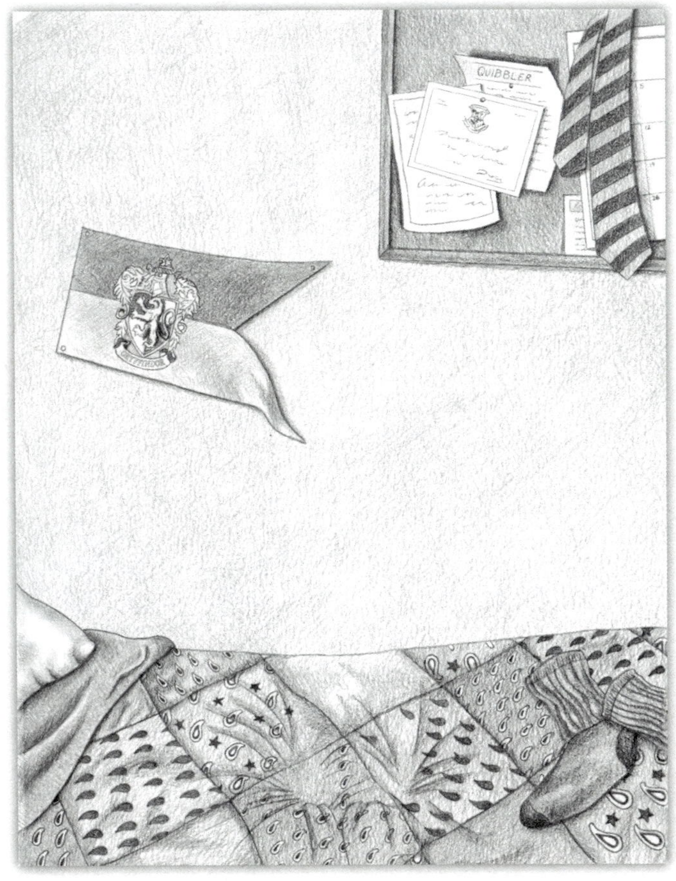

GEWUSST, WIE!

Schattiere die Wand in hellem Grau; so sind all die coolen Details besser zu sehen. Auch wenn später das Hauptaugenmerk auf Dobby liegt, sind dennoch die witzigen Elemente im Hintergrund der Zeichnung wahrnehmbar.

KOMPOSITION

Wenn du Dobby in die Zeichnung einfügst, hilft ein kräftiger Schatten rechts von ihm, um den Hauselfen vom Hintergrund abzusetzen (siehe Seite 48).

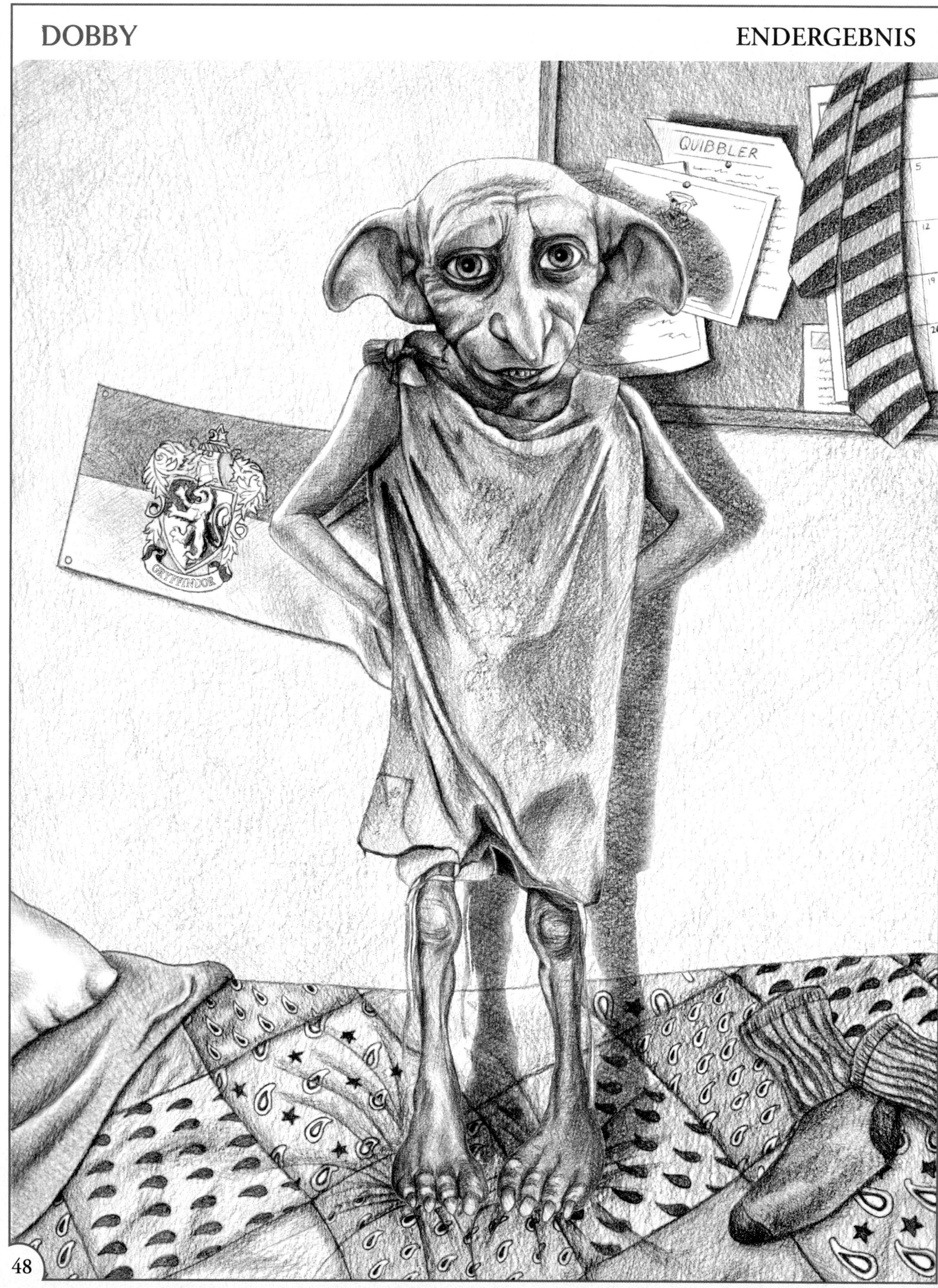
QUIBBLER
GRYFFINDOR

SEIDENSCHNABEL

Seidenschnabel war ein temperamentvoller Hippogreif, der sich in der Obhut von Rubeus Hagrid befand. Wobei *temperamentvoll* eine Umschreibung dafür ist, dass er wild war und man in seiner Gegenwart besser keine abrupten Bewegungen machte. Das magische Tierwesen mit dem Kopf, den Vorderbeinen und den Flügeln eines riesigen Adlers sowie dem Schwanz und den Hinterbeinen eines Pferdes präsentierte sich Harry Potter und seinen Mitschülern im Fach Pflege magischer Geschöpfe. Unter Hagrids Anleitung näherte sich Harry dem Tier, um sich mit ihm in luftige Höhen emporzuschwingen. Es entstand eine tiefe Bindung zwischen den beiden. Harry und Hermine retteten Seidenschnabel sogar das Leben, als Draco Malfoys Vater darauf bestand, den Hippogreif töten zu lassen, der seinen Sohn verletzt hatte.

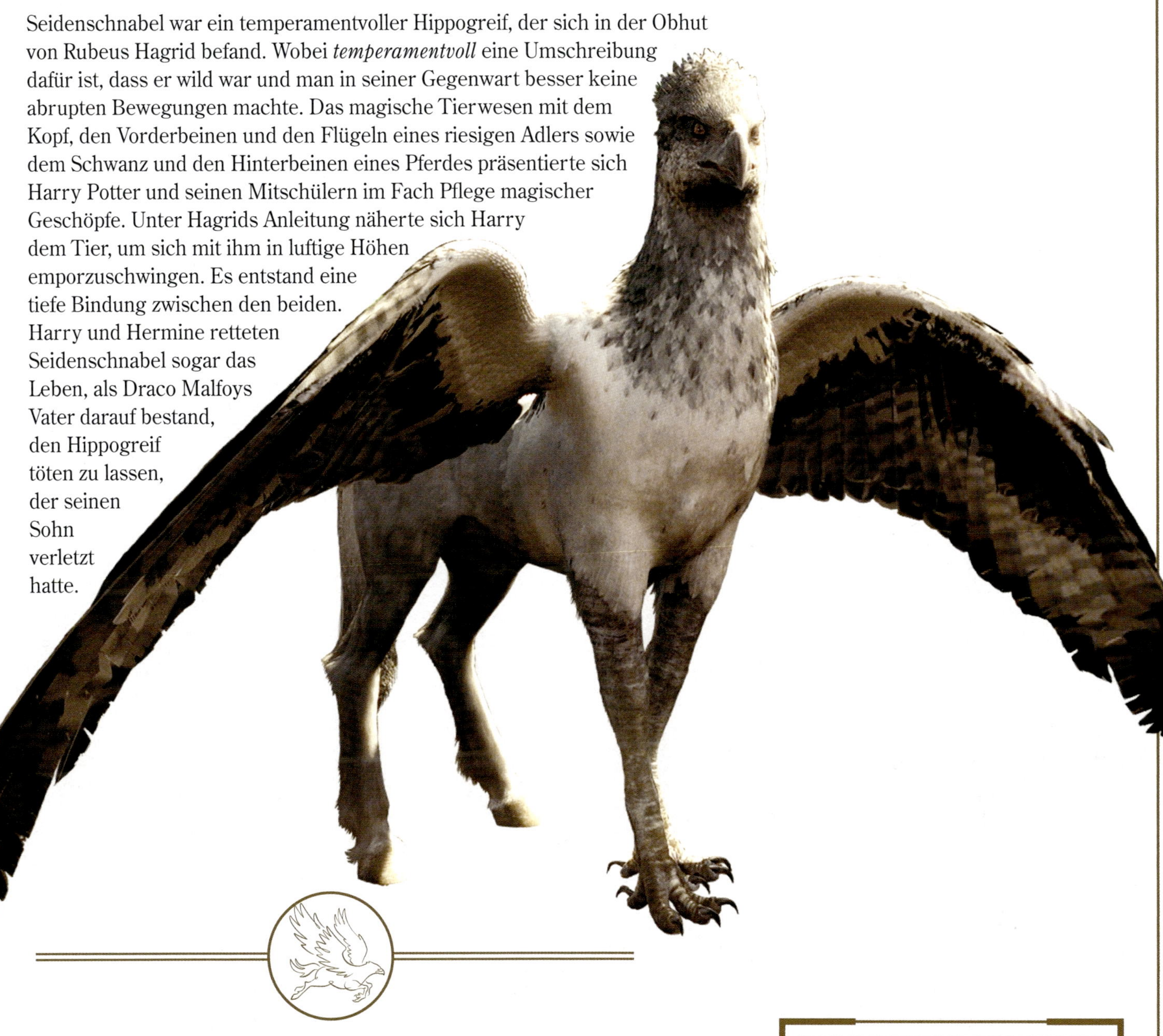

- Es stimmt, dass Seidenschnabel Draco Malfoy verletzte, aber nur, weil der hochnäsige Schüler sich dem Hippogreif trotz Hagrids Warnung zu schnell genähert und abschätzig über ihn gesprochen hatte.
- Seidenschnabel half Harry und Hermine dabei, Harrys gefangen genommenen Patenonkel Sirius Black zu befreien.

GEWUSST, WIE!

Bei Hedwig hast du ja schon geübt, wie man Flügel zeichnet. Für Seidenschnabel kannst du auf diese Erfahrung zurückgreifen und zugleich etwas Neues ausprobieren – unterschiedliche Tiere zu einem völlig neuen Wesen zusammenfügen.

SEIDENSCHNABEL

GRUNDGERÜST

Beginne zunächst wie bei den menschlichen Figuren mit Kreisen und Strichen, um Seidenschnabels Körperhaltung festzulegen. Stelle Kopf, Brust und Hinterteil mit größeren Kreisen dar, Beine, Rücken und Flügel mit Strichen.

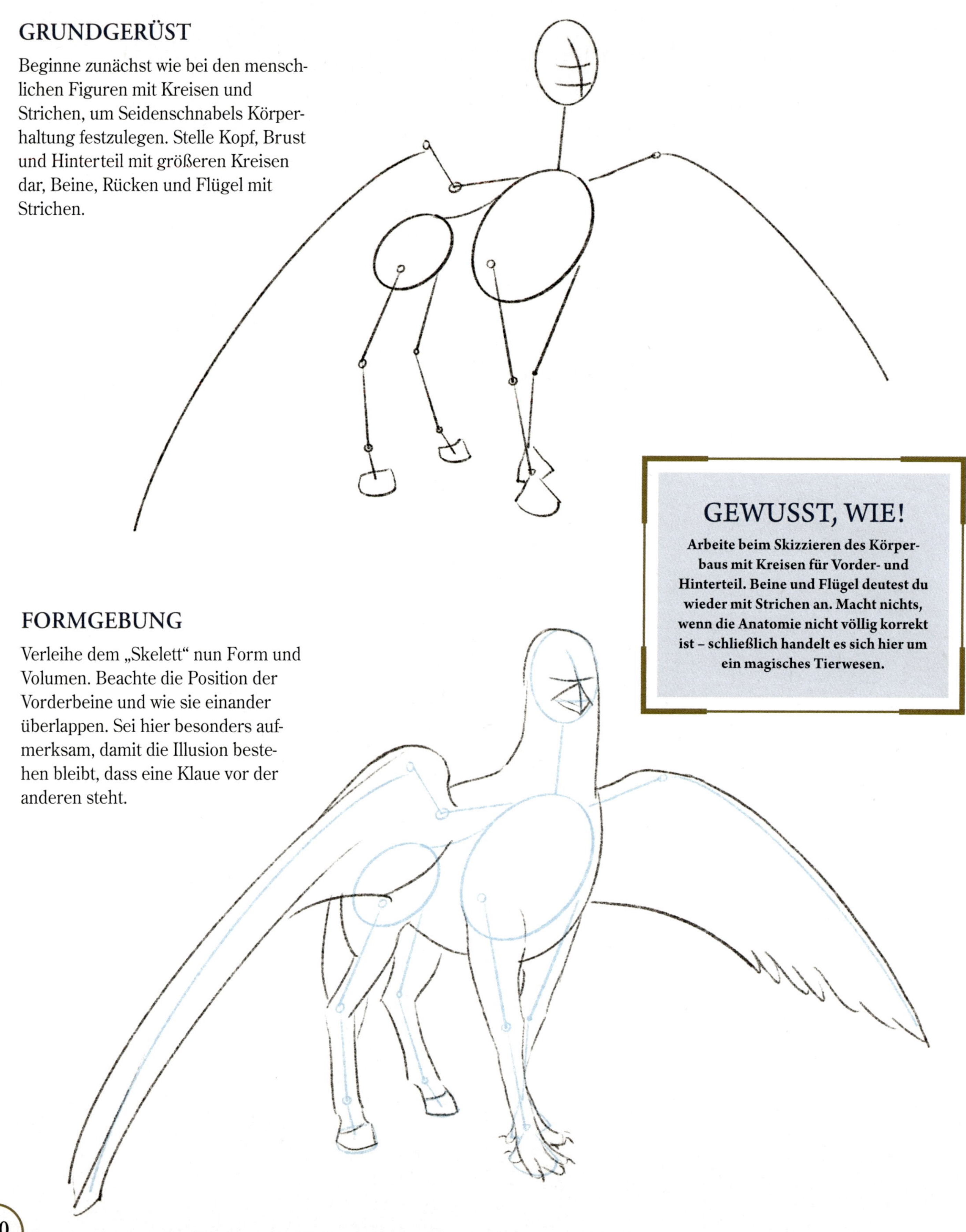

GEWUSST, WIE!

Arbeite beim Skizzieren des Körperbaus mit Kreisen für Vorder- und Hinterteil. Beine und Flügel deutest du wieder mit Strichen an. Macht nichts, wenn die Anatomie nicht völlig korrekt ist – schließlich handelt es sich hier um ein magisches Tierwesen.

FORMGEBUNG

Verleihe dem „Skelett“ nun Form und Volumen. Beachte die Position der Vorderbeine und wie sie einander überlappen. Sei hier besonders aufmerksam, damit die Illusion bestehen bleibt, dass eine Klaue vor der anderen steht.

AUSARBEITUNG

Verwende das Bild auf Seite 49 als Vorlage und ergänze Details an Seidenschnabels Körper. Wie bei Hedwig kannst du die Federn auf Seidenschnabels Flügeln mithilfe größerer Formen andeuten. Mit kleineren Strichen kannst du das Gefieder im Halsbereich sowie am Kopf einzeichnen.

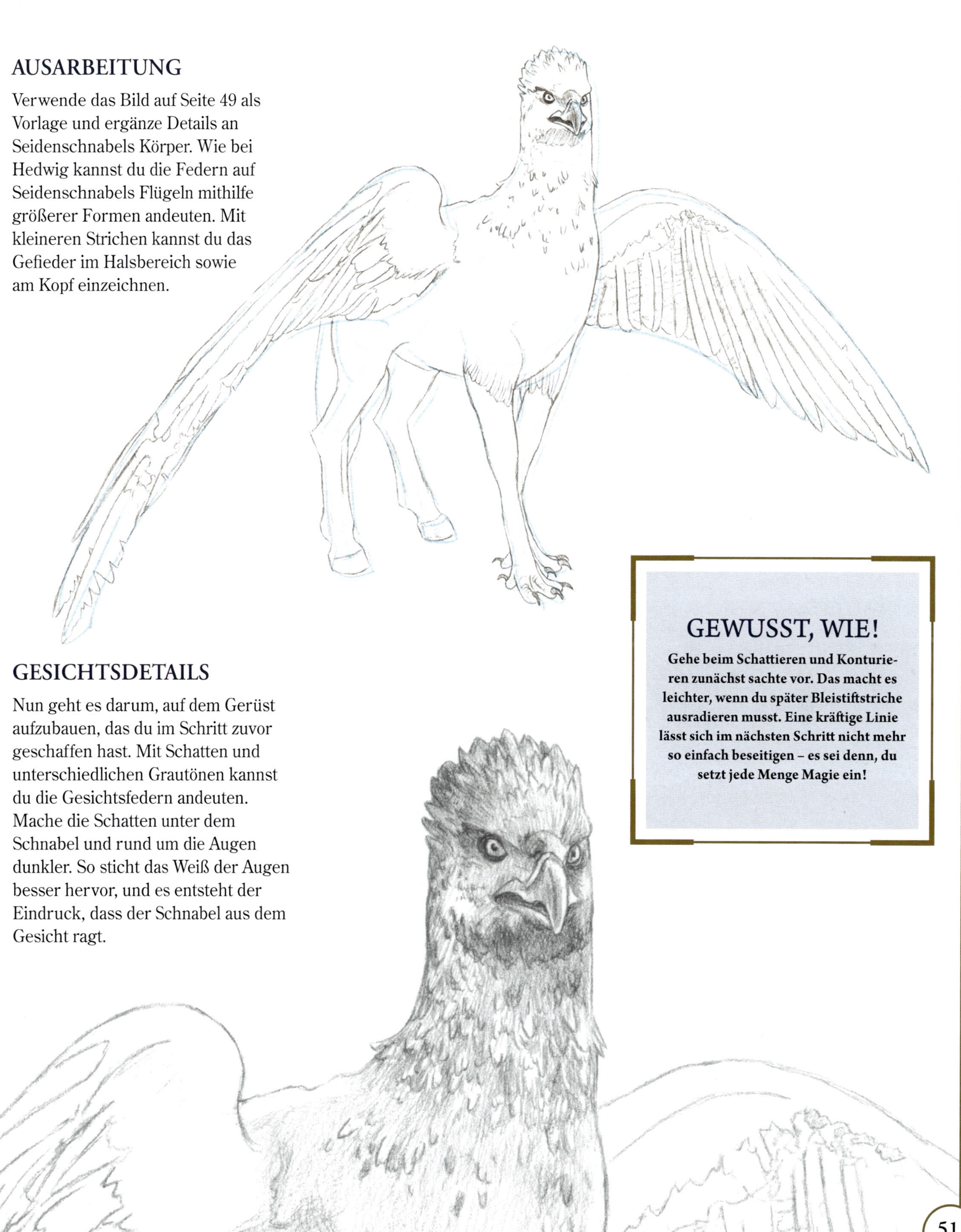

GESICHTSDETAILS

Nun geht es darum, auf dem Gerüst aufzubauen, das du im Schritt zuvor geschaffen hast. Mit Schatten und unterschiedlichen Grautönen kannst du die Gesichtsfedern andeuten. Mache die Schatten unter dem Schnabel und rund um die Augen dunkler. So sticht das Weiß der Augen besser hervor, und es entsteht der Eindruck, dass der Schnabel aus dem Gesicht ragt.

GEWUSST, WIE!

Gehe beim Schattieren und Konturieren zunächst sachte vor. Das macht es leichter, wenn du später Bleistiftstriche ausradieren musst. Eine kräftige Linie lässt sich im nächsten Schritt nicht mehr so einfach beseitigen – es sei denn, du setzt jede Menge Magie ein!

SEIDENSCHNABEL

KÖRPERDETAILS

Skizziere die Figur von oben nach unten weiter und deute die dunklen Bereiche sowie die Konturen des Körpers mit Schatten an. Seidenschnabel ist sehr schlank und kraftvoll, bringe das in deiner Linienführung zum Ausdruck.

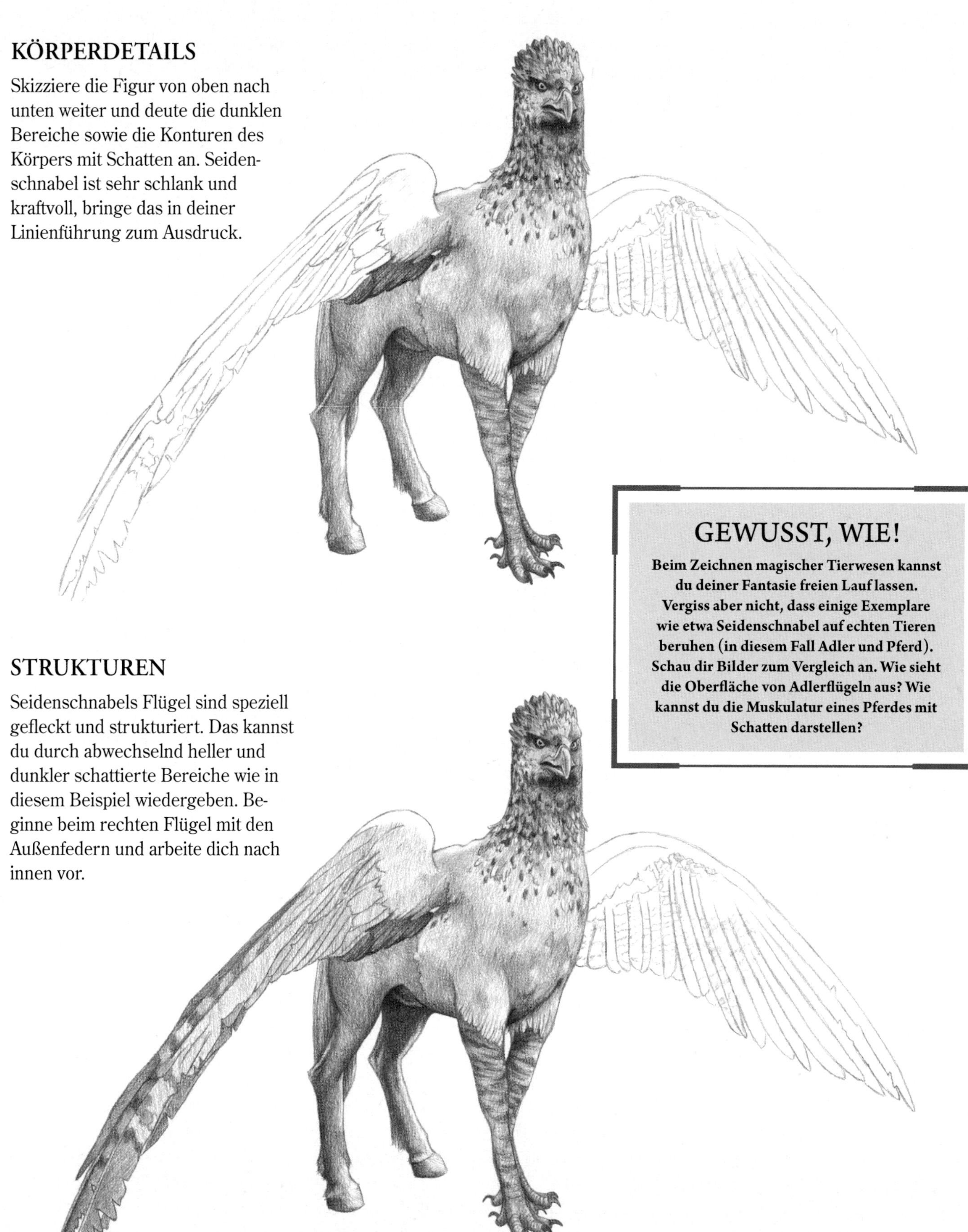

GEWUSST, WIE!

Beim Zeichnen magischer Tierwesen kannst du deiner Fantasie freien Lauf lassen. Vergiss aber nicht, dass einige Exemplare wie etwa Seidenschnabel auf echten Tieren beruhen (in diesem Fall Adler und Pferd). Schau dir Bilder zum Vergleich an. Wie sieht die Oberfläche von Adlerflügeln aus? Wie kannst du die Muskulatur eines Pferdes mit Schatten darstellen?

STRUKTUREN

Seidenschnabels Flügel sind speziell gefleckt und strukturiert. Das kannst du durch abwechselnd heller und dunkler schattierte Bereiche wie in diesem Beispiel wiedergeben. Beginne beim rechten Flügel mit den Außenfedern und arbeite dich nach innen vor.

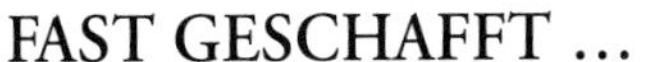

FAST GESCHAFFT …

Füge an Seidenschnabels Flügeln weitere Kontrastbereiche hinzu, so wie du es im Schritt zuvor gelernt hast. Ein gerundeter Schatten oben am Flügel erzeugt eine Kontur. Aber aufgepasst – wenn du den Schatten zu streng machst, ruiniert das den Effekt, und der Flügel wirkt so, als ob er nicht zum Körper gehört.

GEWUSST, WIE!

Seidenschnabel darzustellen kann etwas knifflig sein, weil er eine Kombination aus verschiedenen Tieren ist. Vergiss nicht, dass seine vordere Hälfte auf einem Adler und der hintere Teil auf einem Pferd basiert. Setze Hufe an die Hinterbeine und Klauen an die Vorderbeine!

ENDERGEBNIS

Wenn du die Technik mit den kontrastierenden Schatten nun auch am linken Flügel anwendest, bist du so gut wie fertig. Gib deiner Figur noch den letzten Feinschliff und radiere überflüssige Linien aus. Gratulation – du hast Seidenschnabel erfolgreich gezähmt!

SEIDENSCHNABEL

VORLAGE

Seidenschnabel lebt zwar eigentlich vor Hagrids Hütte, für den Unterricht bringt der Wildhüter das Tier aber in den Wald. Deshalb bieten sich in diesem Fall zwei Vorlagen an – eine von Hagrids Hütte (mit vielen Kürbissen) und eine vom Wald. Wie du sehen wirst, lassen sich Elemente von beiden zu einem stimmungsvollen Hintergrund kombinieren.

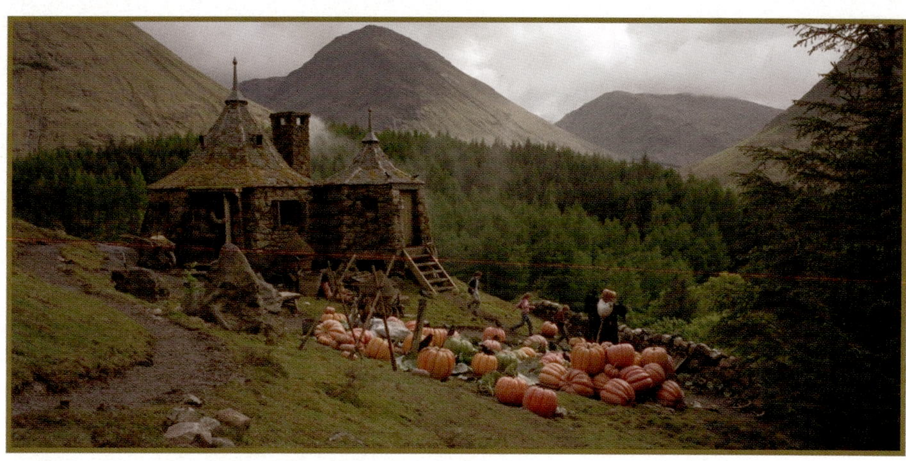

DIE QUAL DER WAHL

Der Wald ist die ideale Naturkulisse für einen Hippogreif. Daher haben wir diesen Hintergrund als unseren Ausgangspunkt gewählt. Die runde Form der Kürbisse wiederum bildet einen hübschen Kontrast zu den geraden, vertikalen Bäumen. Deshalb platzieren wir sie im Vordergrund.

GROBE EINTEILUNG

Behalte im Hinterkopf, wo du Seidenschnabel positionieren willst, und füge die Formen für den Hintergrund ein. Achte darauf, dass genügend Platz für die Figur bleibt und sie nichts verdeckt, was später zu sehen sein soll. Wenn du magst, kannst du Seidenschnabel in diesem Schritt bereits grob skizzieren, bevor du den Hintergrund zeichnest.

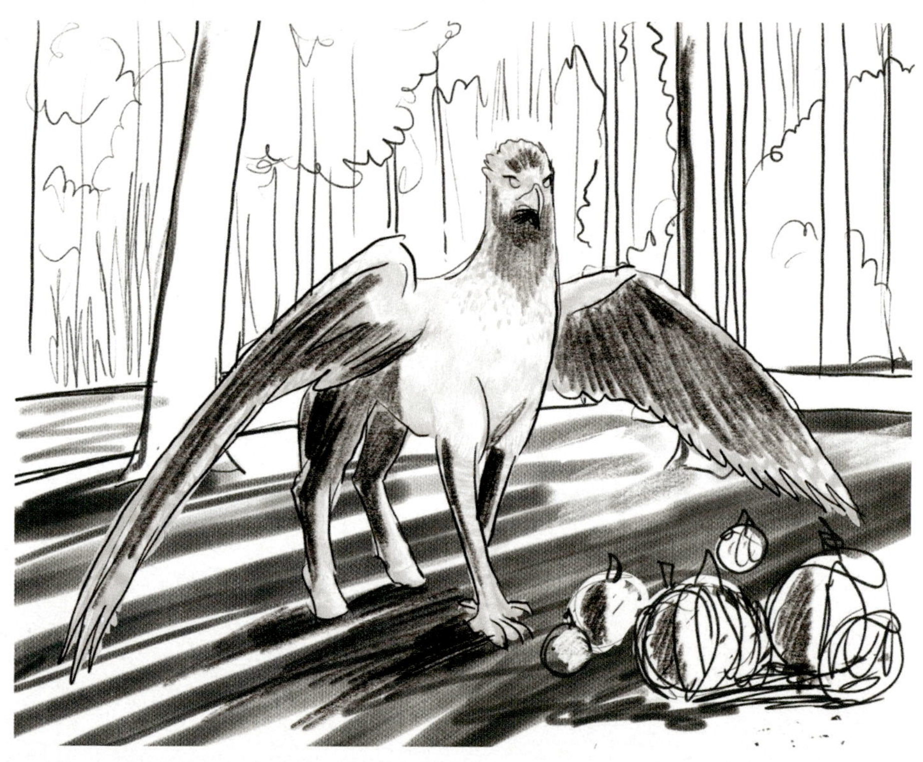

SCHATTEN UND DETAILS

Dieser Waldhintergrund ist eine ganz schöne Herausforderung für einen Künstler! All die Bäume bedeuten jede Menge Strukturen, Details und Schatten. Es ist wichtig, das richtig hinzubekommen, damit die Kulisse Seidenschnabel nicht die Show stiehlt. Der Trick ist, Details mit Bleistiftstrichen anzudeuten, aber es nicht zu übertreiben.

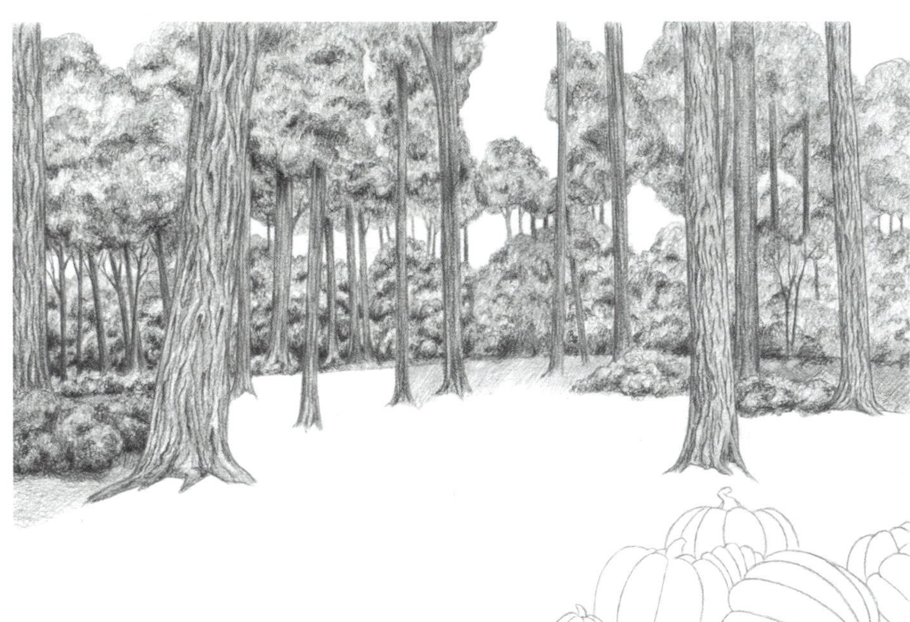

GEWUSST, WIE!

Du kannst das einfallende Sonnenlicht mit schrägen Schattenbereichen darstellen. Beginne mit einem Baum und entscheide, woher die Sonne kommt. Stelle dir bei diesem Bild vor, dass die Sonne von rechts hinten kommt. Die Baumstämme blockieren die Strahlen, sodass das Licht auf die anderen Bereiche des Bodens fällt. Mit Schatten am Ansatz der Baumstämme verankerst du die Bäume im Waldboden.

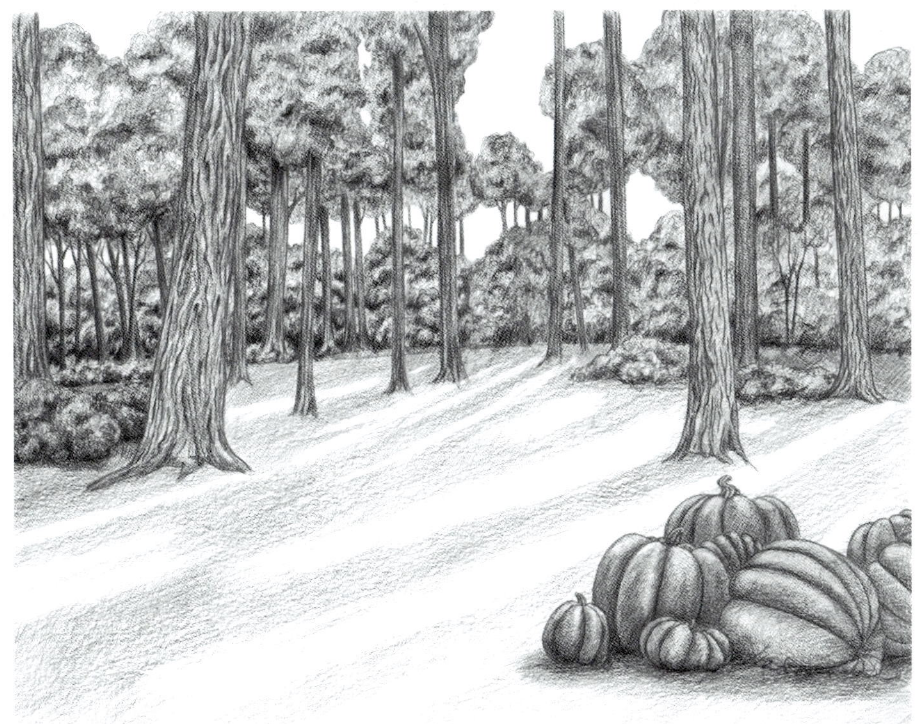

KOMPOSITION

Wenn deine Zeichnung so gut wie fertig ist, ist es Zeit, Seidenschnabel einzufügen. Vergiss nicht, die Schatten unter der Figur darzustellen. Im Gegensatz zu Hedwig ist Seidenschnabel nicht in Flugposition. Achte also darauf, dass der Hippogreif mit dem Boden verbunden ist.

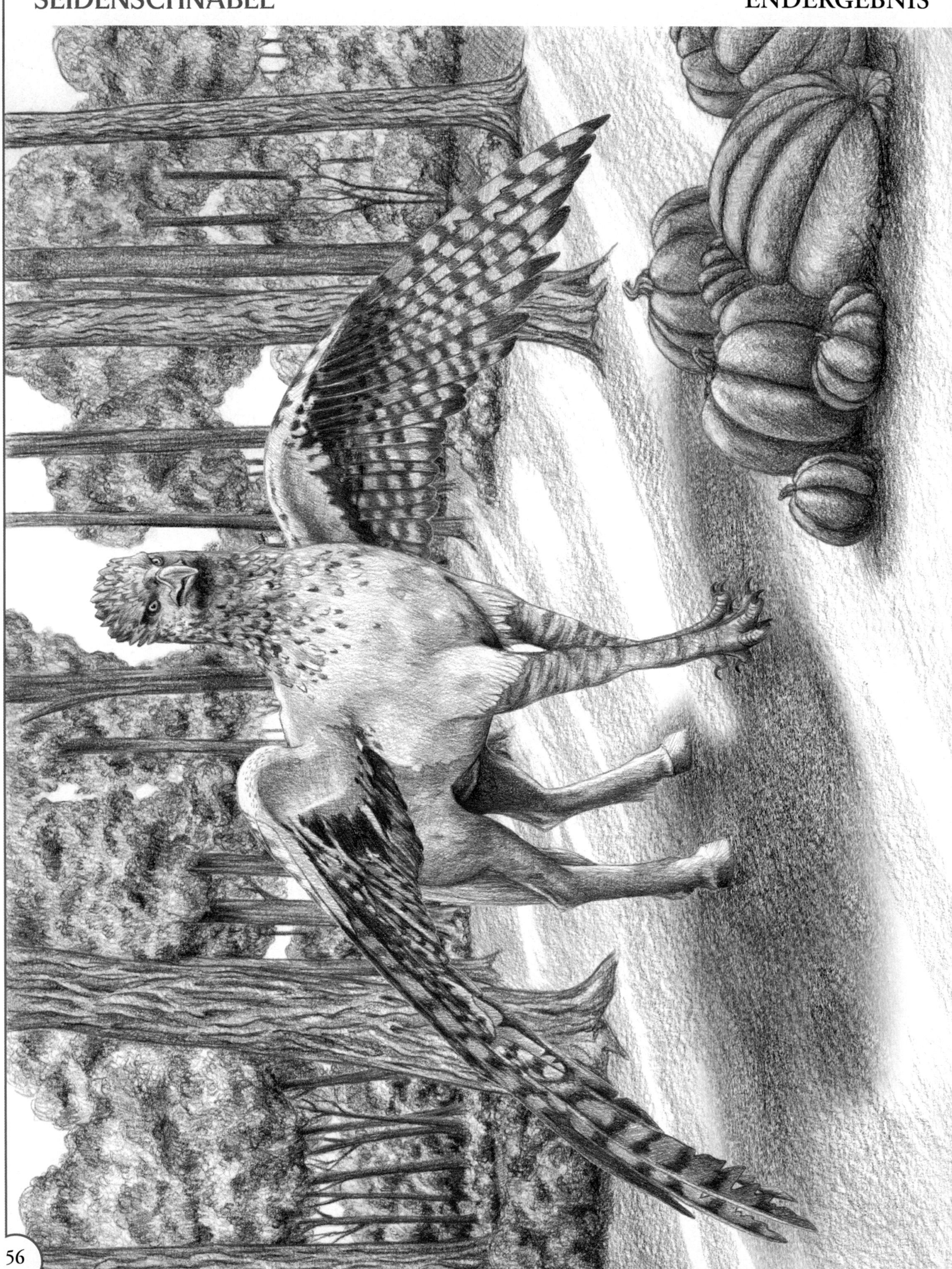

ALBUS DUMBLEDORE

Der beliebte Schulleiter der Hogwarts-Schule für Hexerei und Zauberei kümmerte sich stets um Harry Potters Wohlergehen. Gemeinsam mit Professor Minerva McGonagall und Rubeus Hagrid versteckte Albus Dumbledore den kleinen Harry nach dem Tod von dessen Eltern vor Lord Voldemort. Als Harry Potter später in Hogwarts zur Schule ging, hatte Dumbledore ein wachsames Auge auf ihn (sowie seine Freunde Ron Weasley und Hermine Granger) und beschützte ihn, wo es nur ging. (Und das war dringend nötig!) Der ehemalige Lehrer für Verteidigung gegen die dunklen Künste war ein mächtiger Zauberer. Aber noch mächtiger waren seine Weisheit und seine Freundlichkeit.

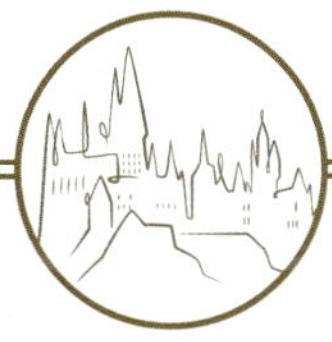

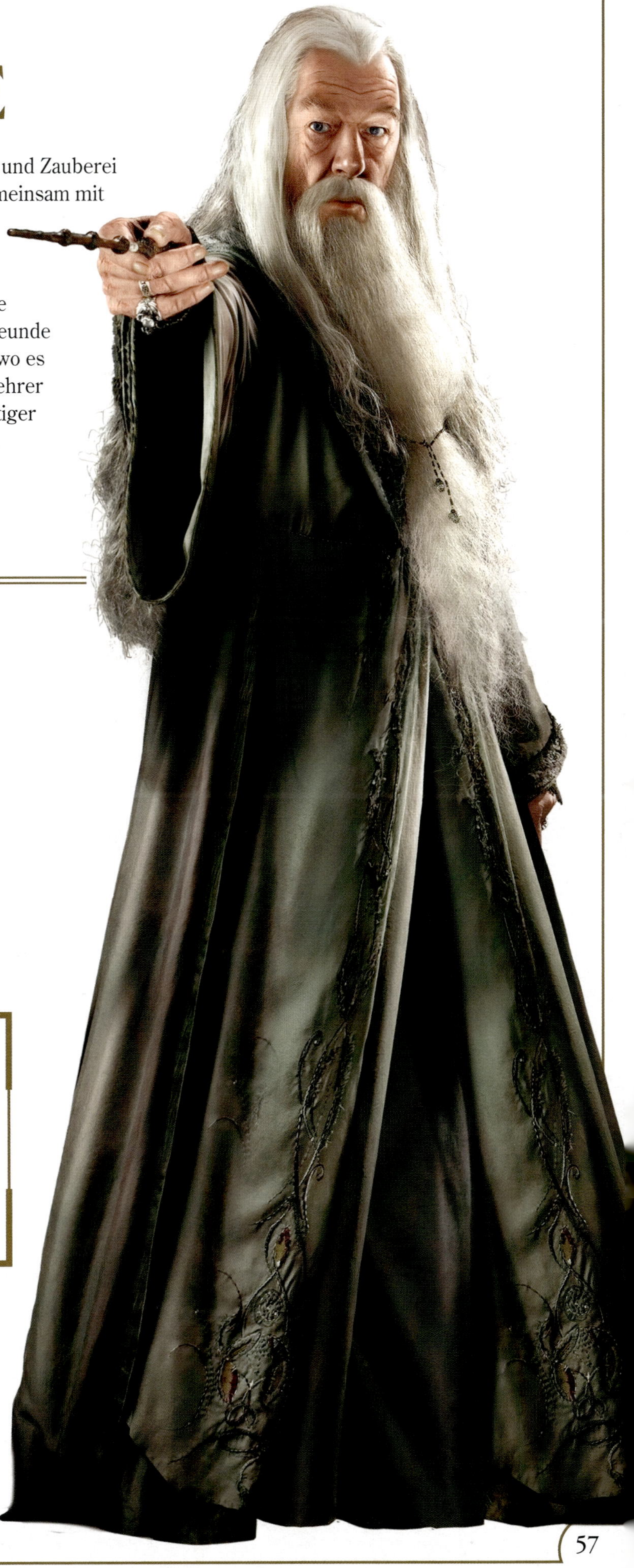

- Dumbledore ging selbst in Hogwarts zur Schule – und wurde wie Harry, Hermine und Ron dem Haus Gryffindor zugeteilt. Die Frage ist nur: Ist er auch in so viele Schwierigkeiten wie das Trio geraten?
- Harry und Ginny benannten ihren zweiten Sohn nach Albus Dumbledore und Severus Snape, also Albus Severus Potter.

GEWUSST, WIE!

Was bei Albus Dumbledore sofort ins Auge sticht, sind seine langen weißen Haare und der fließende Bart. Darum erfährst du auf den nächsten Seiten, wie man Haare darstellt, welche Rolle Licht und Schatten spielen und welche Wirkung du damit erzeugen kannst.

ALBUS DUMBLEDORE

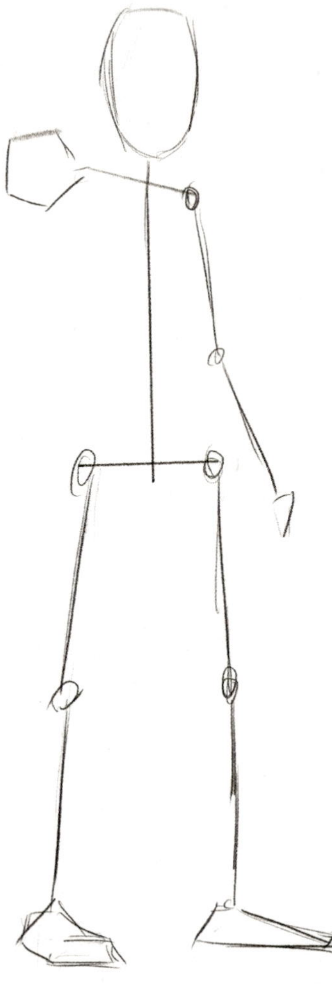

GRUNDGERÜST

Skizziere ein Strichmännchen mit Kopf, Schultern, Armen und Händen, Hüften, Beinen und Füßen. Du wirst schon bemerkt haben, dass wir Dumbledores rechte Hand etwas größer als die linke angedeutet haben. Das liegt daran, dass sie sich näher beim Betrachter befindet. Dies nennt sich erzwungene Perspektive – das ist ein Kniff, der eine optische Täuschung erzeugt und manche Dinge näher (oder weiter weg) erscheinen lässt als andere.

FORMGEBUNG

Verleihe dem Strichmännchen Gestalt, indem du Konturen von Dumbledores Kleidung einzeichnest. Skizziere mit Linien Augen, Nase, Mund und füge die Form für den Zauberstab in seiner rechten Hand ein. Deute auch den Haaransatz sowie den Verlauf und die Länge von Dumbledores Haar an. (Um den Bart musst du dir an dieser Stelle noch keine Gedanken machen.)

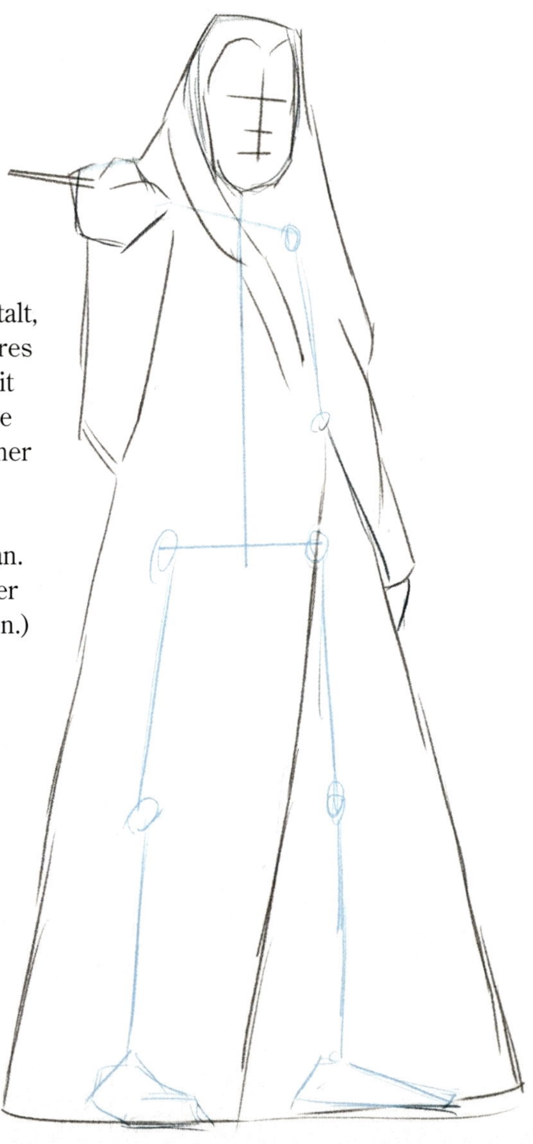

GEWUSST, WIE!

Achte darauf, dass Dumbledores Zauberstab nicht zu lang wird. Das ist wichtig wegen der erzwungenen Perspektive! So erzeugst du die Illusion, dass der Zauberstab näher ist als der Rest. Und das gelingt dir, wenn du – schluck! – schummelst. Während die Lehrer von Hogwarts allein schon bei dem Gedanken ans Schummeln empört wären, ist es hier erwünscht. Du schummelst, damit es so wirkt, als würde der Zauberstab nach vorne zeigen. Dafür verkürzt du den Zauberstab etwas. Ob du's glaubst oder nicht, mit etwas Übung gelingt es dir mit links.

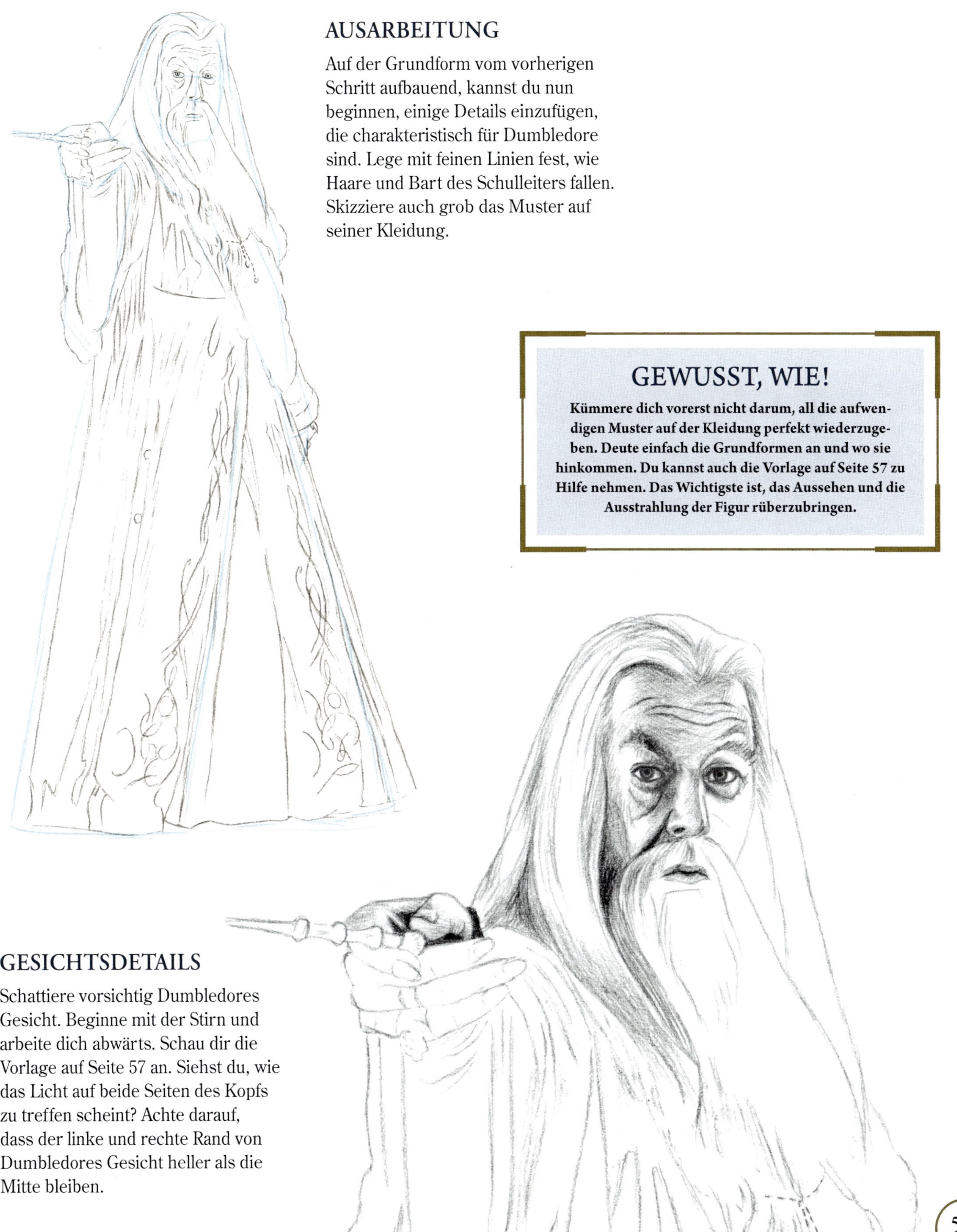

AUSARBEITUNG

Auf der Grundform vom vorherigen Schritt aufbauend, kannst du nun beginnen, einige Details einzufügen, die charakteristisch für Dumbledore sind. Lege mit feinen Linien fest, wie Haare und Bart des Schulleiters fallen. Skizziere auch grob das Muster auf seiner Kleidung.

GEWUSST, WIE!

Kümmere dich vorerst nicht darum, all die aufwendigen Muster auf der Kleidung perfekt wiederzugeben. Deute einfach die Grundformen an und wo sie hinkommen. Du kannst auch die Vorlage auf Seite 57 zu Hilfe nehmen. Das Wichtigste ist, das Aussehen und die Ausstrahlung der Figur rüberzubringen.

GESICHTSDETAILS

Schattiere vorsichtig Dumbledores Gesicht. Beginne mit der Stirn und arbeite dich abwärts. Schau dir die Vorlage auf Seite 57 an. Siehst du, wie das Licht auf beide Seiten des Kopfs zu treffen scheint? Achte darauf, dass der linke und rechte Rand von Dumbledores Gesicht heller als die Mitte bleiben.

ALBUS DUMBLEDORE

BARTDETAILS

Definiere Dumbledores Bart weiter mit feinen Bleistiftstrichen. Da seine Haare und sein Bart sauber und adrett sind, sollten die Bleistiftstriche alle in eine ähnliche Richtung verlaufen, nicht kreuz und quer (was ungepflegt aussehen würde).

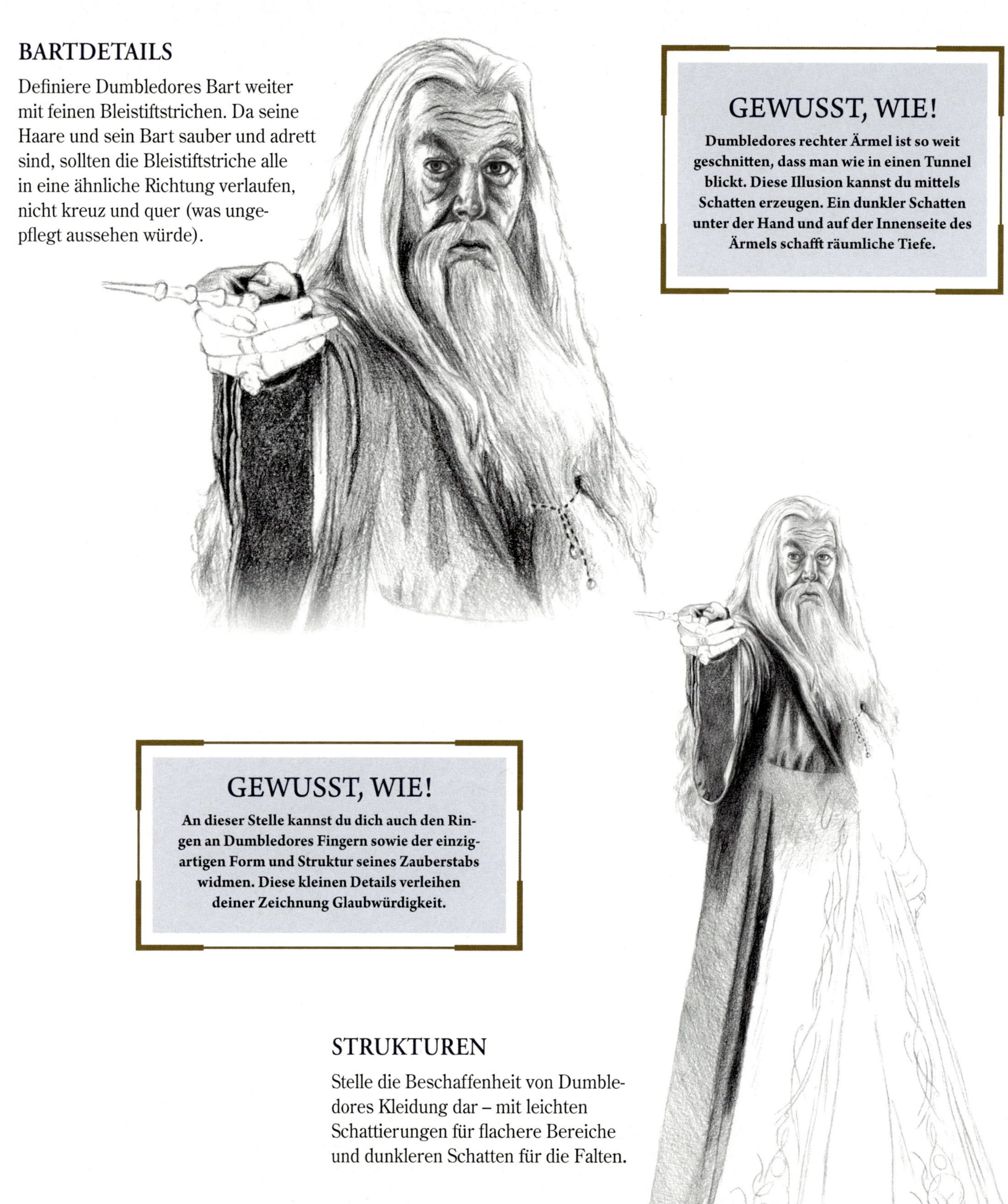

> **GEWUSST, WIE!**
>
> **Dumbledores rechter Ärmel ist so weit geschnitten, dass man wie in einen Tunnel blickt. Diese Illusion kannst du mittels Schatten erzeugen. Ein dunkler Schatten unter der Hand und auf der Innenseite des Ärmels schafft räumliche Tiefe.**

> **GEWUSST, WIE!**
>
> **An dieser Stelle kannst du dich auch den Ringen an Dumbledores Fingern sowie der einzigartigen Form und Struktur seines Zauberstabs widmen. Diese kleinen Details verleihen deiner Zeichnung Glaubwürdigkeit.**

STRUKTUREN

Stelle die Beschaffenheit von Dumbledores Kleidung dar – mit leichten Schattierungen für flachere Bereiche und dunkleren Schatten für die Falten.

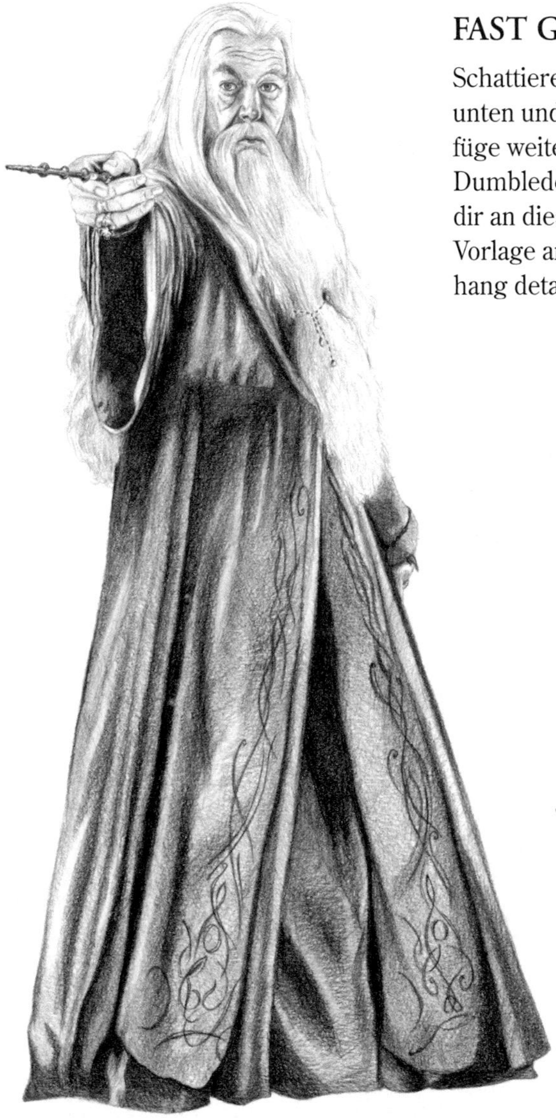

FAST GESCHAFFT …

Schattiere die Figur von oben nach unten und von links nach rechts und füge weitere Details und Schatten an Dumbledores Gewand hinzu. Schau dir an dieser Stelle noch einmal die Vorlage an, um das Muster am Umhang detailgetreu wiederzugeben.

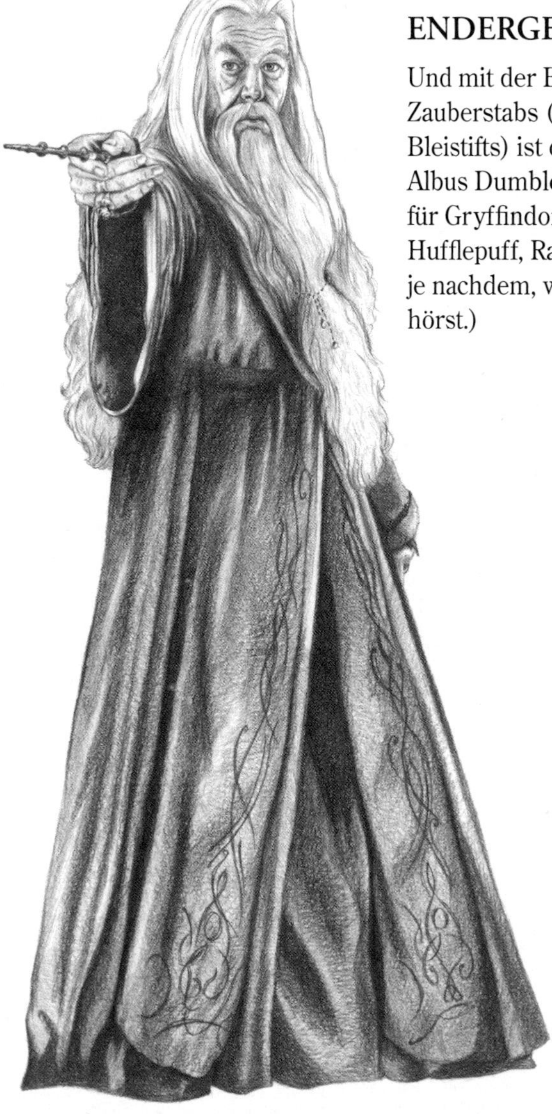

ENDERGEBNIS

Und mit der Bewegung eines Zauberstabs (oder in diesem Fall Bleistifts) ist deine Darstellung von Albus Dumbledore fertig. 50 Punkte für Gryffindor! (Beziehungsweise Hufflepuff, Ravenclaw oder Slytherin – je nachdem, welchem Haus du angehörst.)

GEWUSST, WIE!

Übe die Muster auf Dumbledores Umhang, bevor du sie auf die Figur überträgst. Nimm dir ein extra Blatt Papier und versuche dich an diesen Linien. Es ist vielleicht etwas gewöhnungsbedürftig! Drücke dabei fester auf das Papier, damit das Muster in der fertigen Zeichnung gut zum Vorschein kommt.

ALBUS DUMBLEDORE

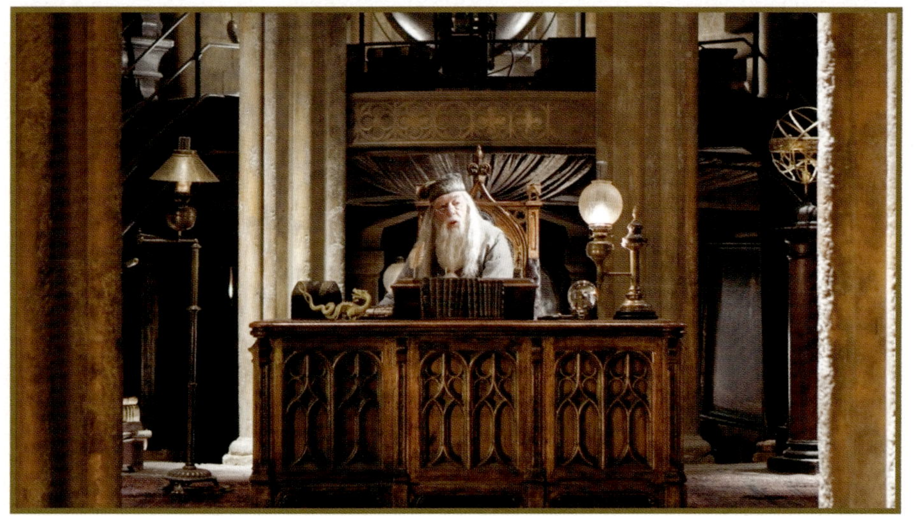

VORLAGE

Dumbledore lebt in seinem Büro, das somit die ideale Kulisse für den Schulleiter bildet. Hier befinden sich sein Schreibtisch sowie ein paar interessante Elemente, die der Figur eine besonders magische Aura verleihen.

GROBE EINTEILUNG

Lege den Hintergrund mit einfachen Formen fest. Es gibt viele Details. Achte also darauf, dass alles deinen Vorstellungen entspricht, bevor du zum nächsten Schritt weitergehst.

AUSARBEITUNG

Gib deiner Skizze Struktur. Am besten stellst du dir die Zeichnung in Schichten vor, von den Treppen unten über den Schreibtisch und den Stuhl bis zur Wand dahinter.

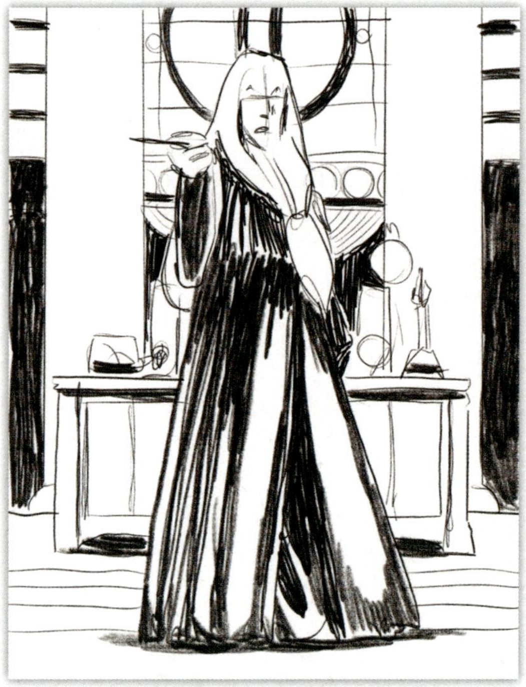

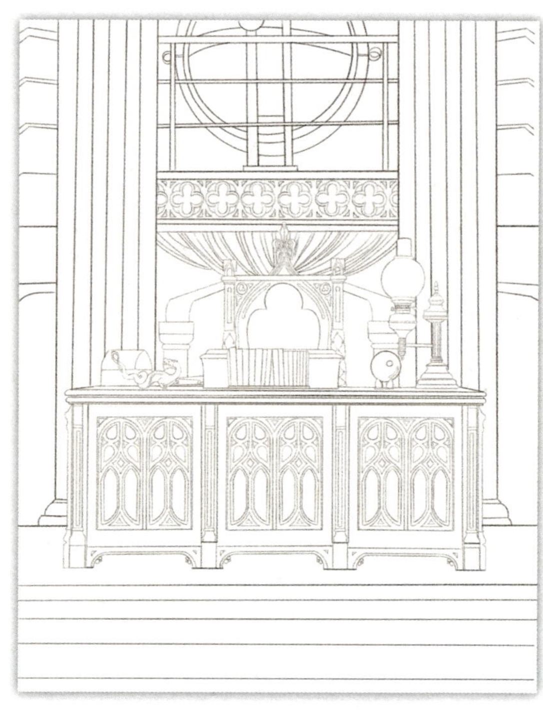

GEWUSST, WIE!

Bedenke, dass du beim Hintergrund nicht jedes Detail aus der Vorlage wiedergeben musst. Vielleicht vereinfachst du auch Dinge oder lässt Einzelheiten ganz weg. Das Ziel ist, eine Zeichnung anzufertigen, die deinen Vorstellungen entspricht und Dumbledore ins beste Licht rückt.

SCHATTEN UND DETAILS

Arbeite nach der Vorlage von Seite 62 die Details mithilfe heller und dunkler Bereiche heraus. Gehe dabei von außen nach innen vor und behalte die Lichtquelle im Hinterkopf.

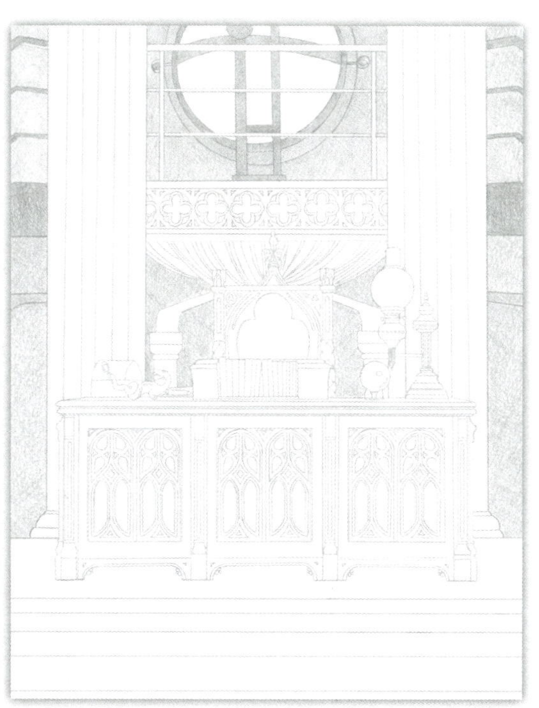

RÄUMLICHE TIEFE

Auch wenn die Zeichnung selbst zweidimensional ist, kannst du durch den geschickten Einsatz von Schatten die Illusion von räumlicher Tiefe erzeugen. Indem du dunkle Bereiche hinter hellen platzierst (wie den Raum hinter Dumbledores Schreibtisch), wirkt es so, als befänden sich die Objekte auf unterschiedlichen Ebenen.

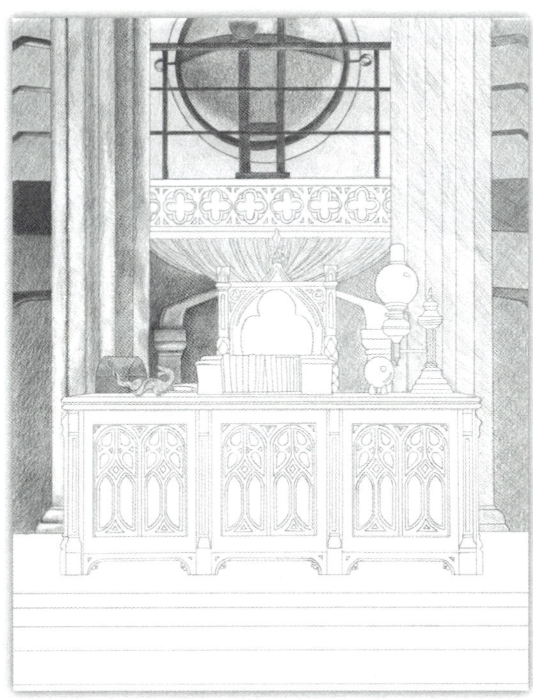

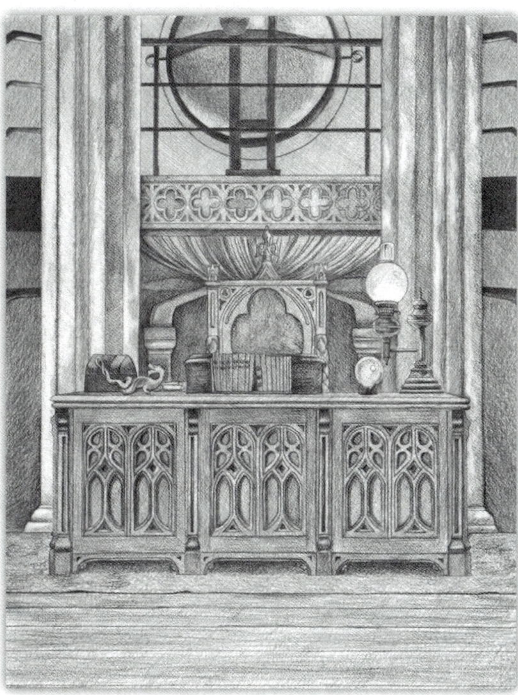

KOMPOSITION

Wenn du mit deinem Werk zufrieden bist, kannst du Dumbledore einfügen. Vergiss nicht, etwas Schatten unterhalb der Figur einzuarbeiten, damit es real wirkt.

GEWUSST, WIE!

Auch wenn diese Zeichnungen nicht bunt sind, wirst du verblüfft sein, wie viele Farbtöne du allein mit deinem Bleistift zaubern kannst. Wie du bereits weißt, erzielst du mit leichtem Druck ganz helle Striche, mit festem Druck dunkle. Und dazwischen gibt es jede Menge Zwischentöne. Schau dir nur mal die fertige Zeichnung auf dieser Seite an – siehst du die vielen unterschiedlichen Nuancen?

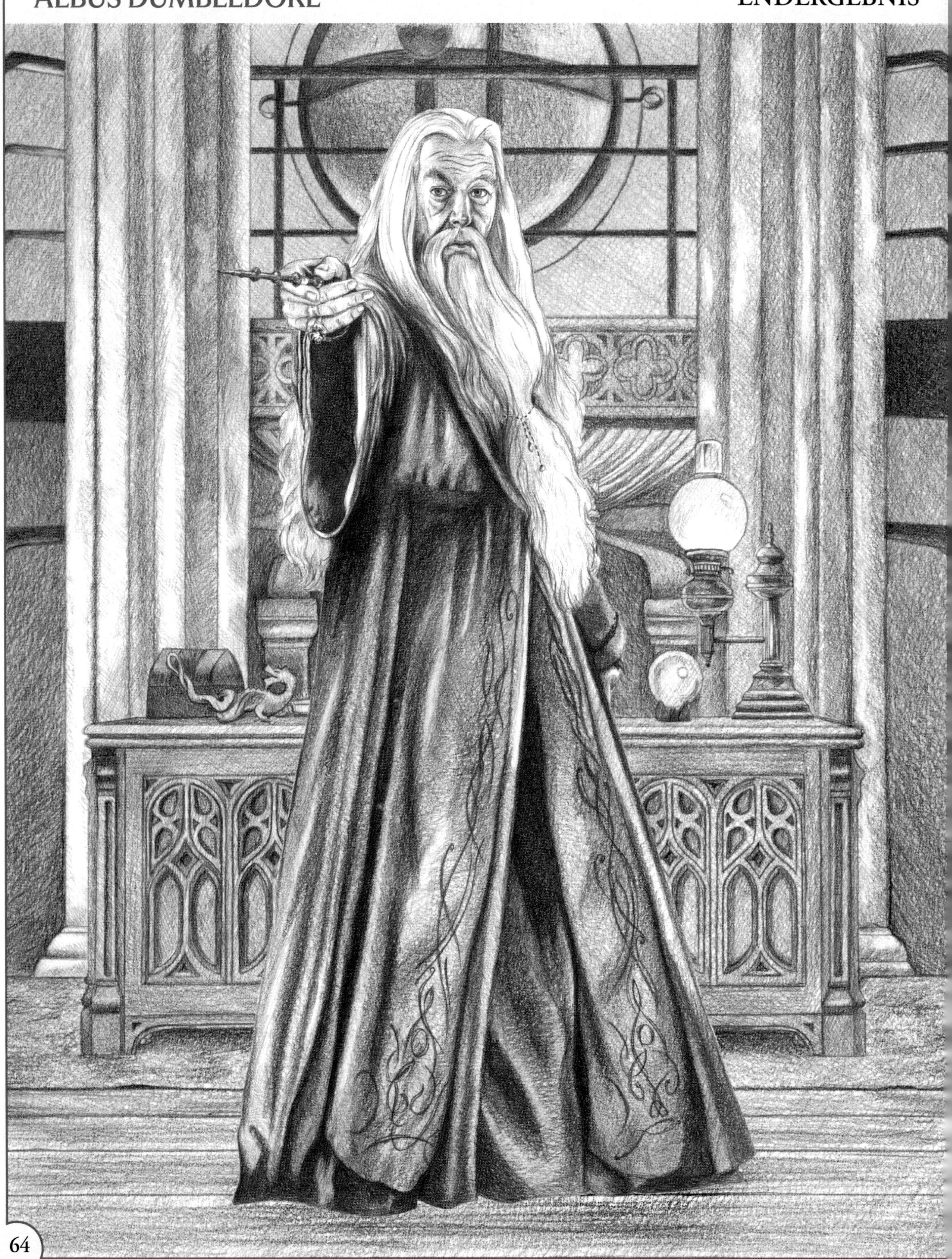

MINERVA McGONAGALL

Die stellvertretende Schulleiterin von Hogwarts, Minerva McGonagall, bildete mit Albus Dumbledore und Rubeus Hagrid jenes Trio, das den kleinen Harry Potter beschützt und in die Obhut der Familie Dursley gebracht hatte. Als der Junge mit elf Jahren nach Hogwarts kam, unterrichtete die Lehrerin ihn in der Kunst der Verwandlung, ihrem Spezialgebiet. McGonagall war maßgeblich daran beteiligt, dass Harry in das Quidditch-Team von Gryffindor kam, nachdem sie sein außergewöhnliches Talent im Besenfliegen erkannt hatte. Auch wenn sie ziemlich streng wirkte, war sie Harry zugetan und legte die Regeln oft zu seinen Gunsten aus.

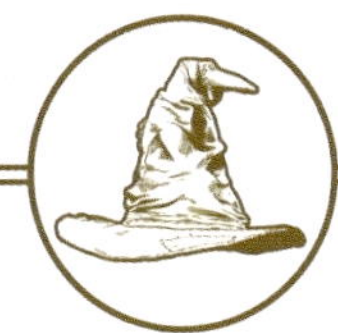

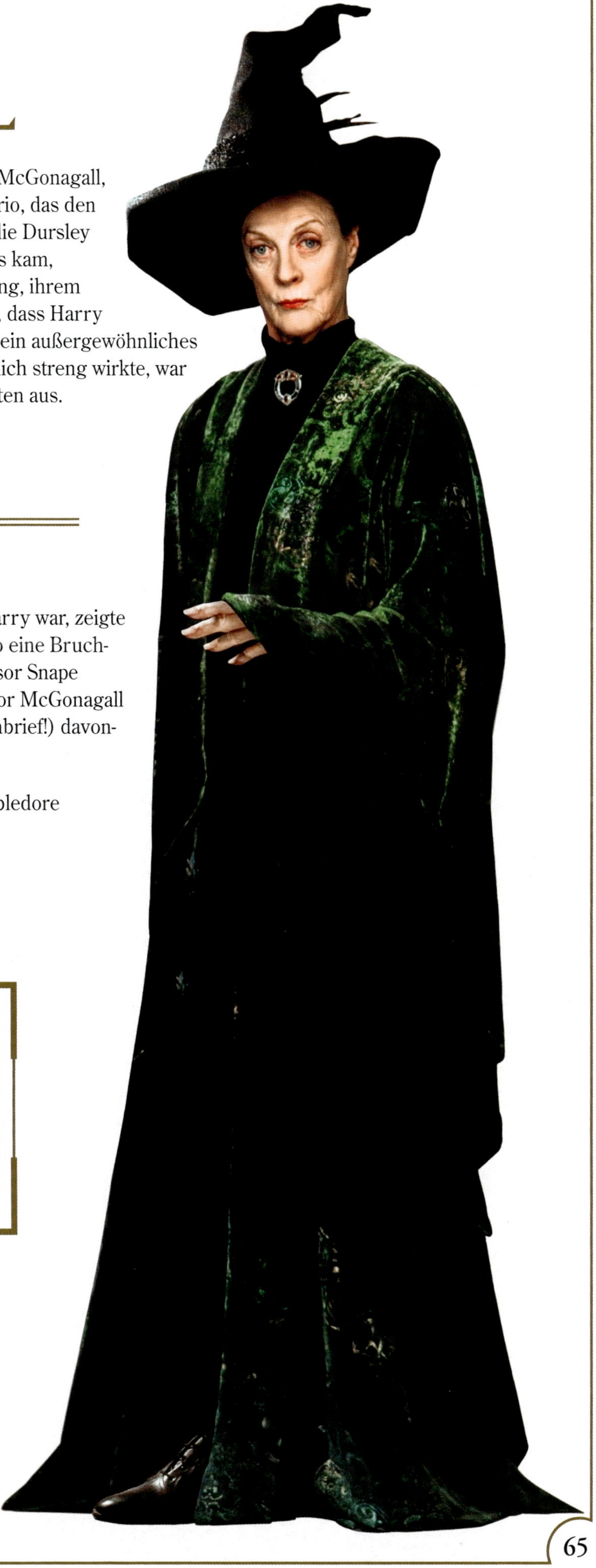

- Wie nachsichtig Professor McGonagall gegenüber Harry war, zeigte sich, als er und Ron mit Mr Weasleys fliegendem Auto eine Bruchlandung in der Peitschenden Weide hinlegten. Professor Snape wollte die beiden der Schule verweisen, doch Professor McGonagall ließ Harry und Ron mit Nachsitzen (und einem Elternbrief!) davonkommen.
- Nach dem Tod des beliebten Schulleiters Albus Dumbledore übernahm Professor McGonagall seinen Posten.

GEWUSST, WIE!

Was an Professor McGonagall sofort ins Auge sticht, ist ihre einzigartige Kleidung. Vor allem der Hut verleiht ihr eine unverkennbare Silhouette.

MINERVA McGONAGALL

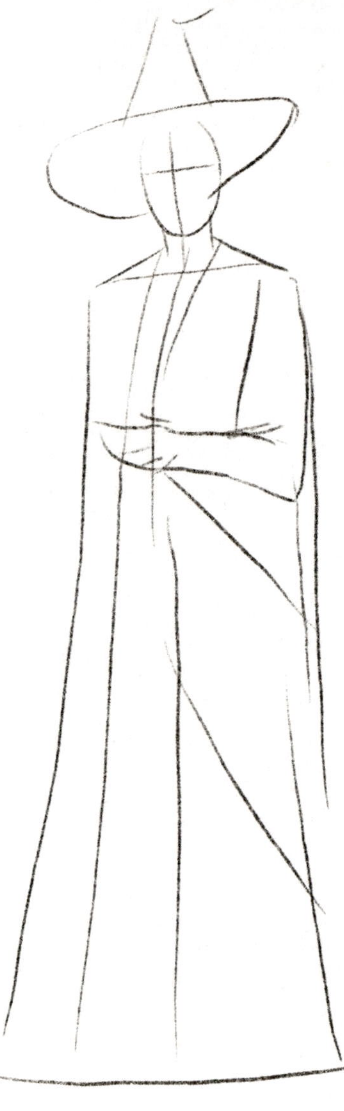

GRUNDGERÜST

Wenn du die Pose von Professor McGonagall grob skizzierst, gehst du am besten von oben nach unten vor. Achte beim Hut darauf, dass die Krempe links breiter und runder ist als rechts. Und der lange Umhang wird nach unten hin etwas breiter.

FORMGEBUNG

In diesem Schritt baust du auf der Grundstruktur auf, die du zuvor festgelegt hast. Deute die Gesichtszüge der Lehrerin an (du musst noch nicht ins Detail gehen) und definiere die Form ihres Huts besser. Deute auch die unterschiedlichen Falten im Umhang an.

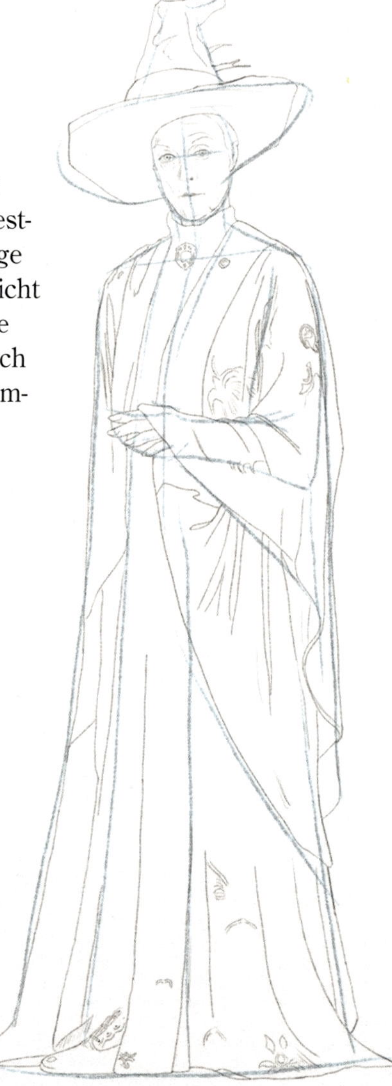

GEWUSST, WIE!

Figuren mit Hüten zu zeichnen, kann eine besondere Herausforderung sein. Es passiert schnell, dass man sich zu sehr auf den Hut und nicht auf den Kopf konzentriert. Am Ende wirkt der Kopf dann zu klein oder gar abgeschnitten! (Was nur im Falle des Fast Kopflosen Nick okay wäre.) Siehst du, wie im ersten Schritt Professor McGonagalls Kopf mit einem vollständigen Oval angedeutet ist? Es ist wichtig, wie bei jeder anderen Figur zuerst die Anatomie festzulegen, *bevor* der Hut hinzugefügt wird. Mit anderen Worten: Gestalte den Hut rund um den Kopf – und nicht umgekehrt!

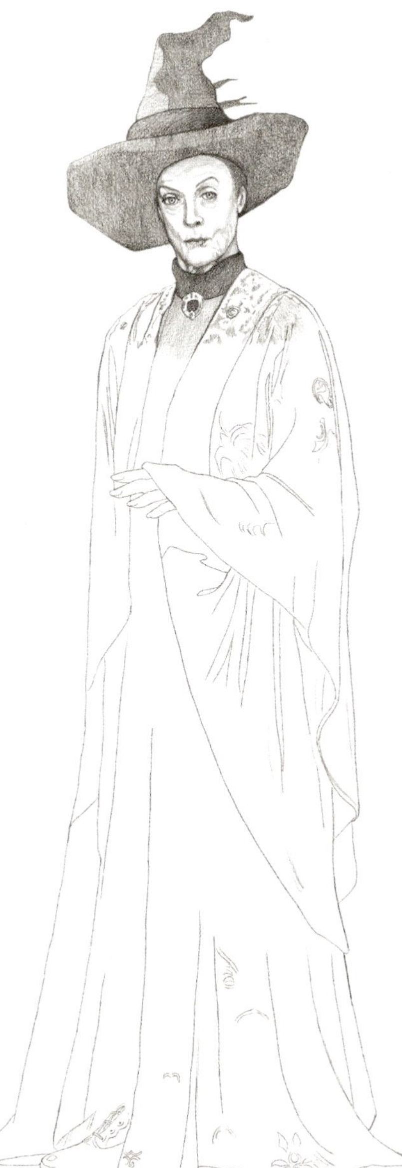

AUSARBEITUNG

Ergänze nach und nach von oben nach unten Details, die deinem Werk Leben einhauchen. Schaffe helle und dunkle Bereiche, die du später akzentuieren kannst. Wirf dazu einen Blick auf die Vorlage von Seite 65. Beachte, wie die zunächst rundere Form des Hutes nun eckiger geworden ist.

GEWUSST, WIE!

Eine Figur, besonders ihr Gesicht, anhand einer Fotovorlage darzustellen, erfordert viel Übung. Lasse dich also nicht entmutigen, wenn es nicht gleich auf Anhieb gelingt. Gib nicht auf! Je öfter du immer wieder dasselbe zeichnest, desto besser wirst du. Mit jeder neuen Zeichnung fällt dir etwas anderes auf, und deine Linienführung wird sicherer.

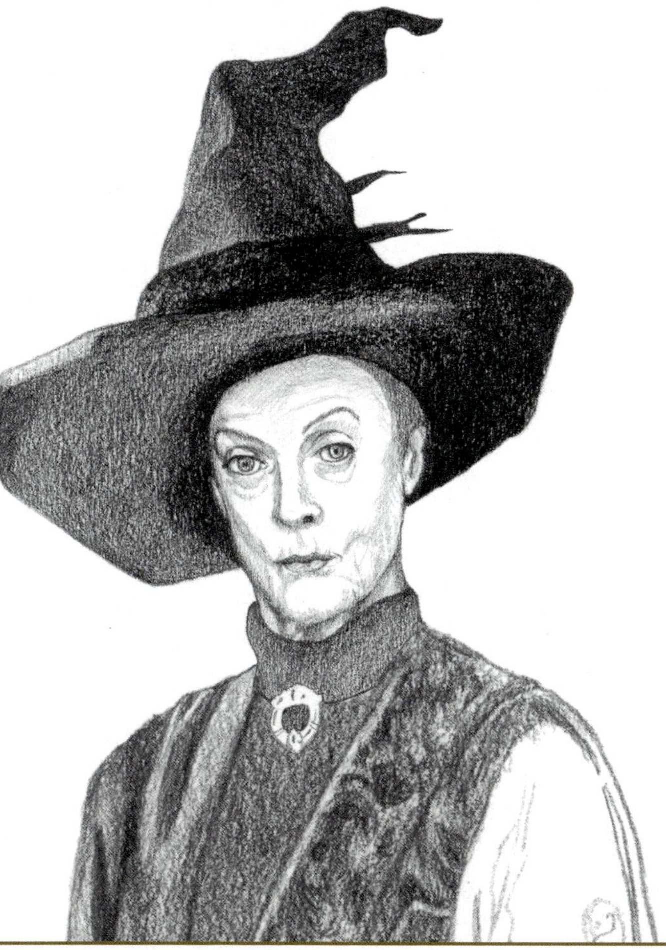

GESICHTSDETAILS

Konzentriere dich neben der Kleidung auch auf die Gesichtszüge. Zum Beispiel auf die nach oben gezogenen Augenbrauen. Was sagen sie über Professor McGonagall aus? Ist sie erfreut? Nicht erfreut? Womöglich sogar verärgert über das schlechte Benehmen eines besonders nervenaufreibenden Slytherin-Schülers? (Ja, wir meinen dich, Draco Malfoy!) Versuche, den Ausdruck so gut wie möglich einzufangen.

MINERVA McGONAGALL

KÖRPERDETAILS

Beachte, wie der Umhang herabhängt und welche Falten und Schatten er erzeugt. Dann widmest du dich dem angewinkelten Arm und der Hand. Die Finger sollten zart wirken und ein wenig gespreizt sein. Vielleicht ist Professor McGonagall kurz davor zu zaubern?

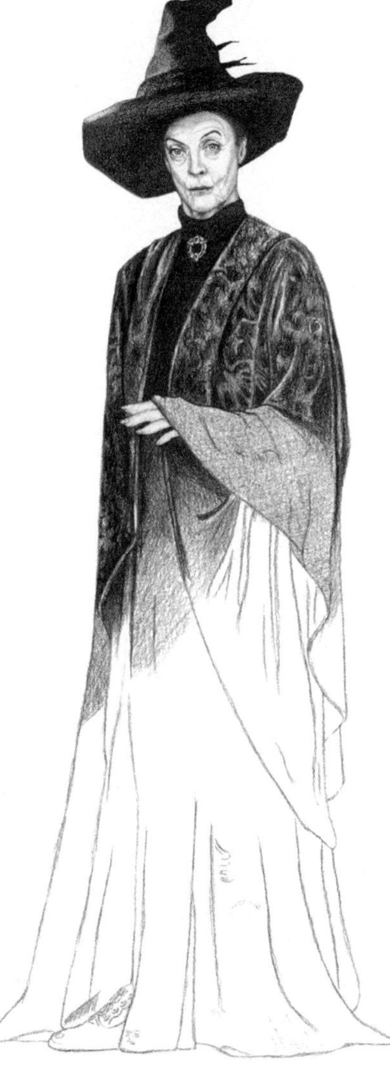

GEWUSST, WIE!

Wenn du das Zeichnen von Händen schwierig findest, bist du in guter Gesellschaft. Jeder Künstler wird dir bestätigen, dass Hände zu den kniffligsten Motiven zählen! Nimm dir also ruhig etwas Zeit und zeichne Hände in unterschiedlichen Positionen. Du kannst deine eigenen als Vorlage verwenden oder Freunde und Familienmitglieder bitten, als Modelle herzuhalten.

STRUKTUREN

Auf der Vorlage von Seite 65 siehst du, dass Professor McGonagalls Umhang aus Samt zu sein scheint. Die sanft schimmernde Oberfläche des Stoffs kannst du durch hellere und dunklere Bereiche andeuten. Gezielt eingesetzte Schattierungen verstärken den samtigen Look.

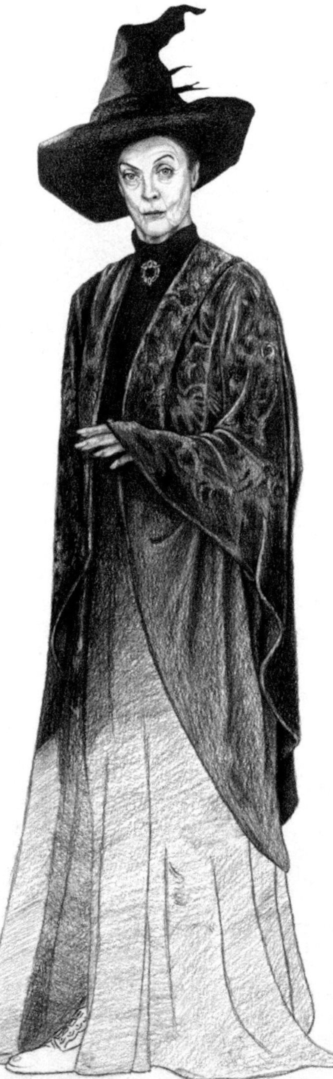

GEWUSST, WIE!

Wenn du die Beschaffenheit der Kleidung herausarbeitest, nimm nicht zu große Bereiche auf einmal in Angriff. Beginne klein und in einem bestimmten Bereich, in diesem Bild zum Beispiel an den Rändern von Professor McGonagalls Umhang. Sobald du zufrieden damit bist, gehst du zum nächsten Bereich weiter und so fort.

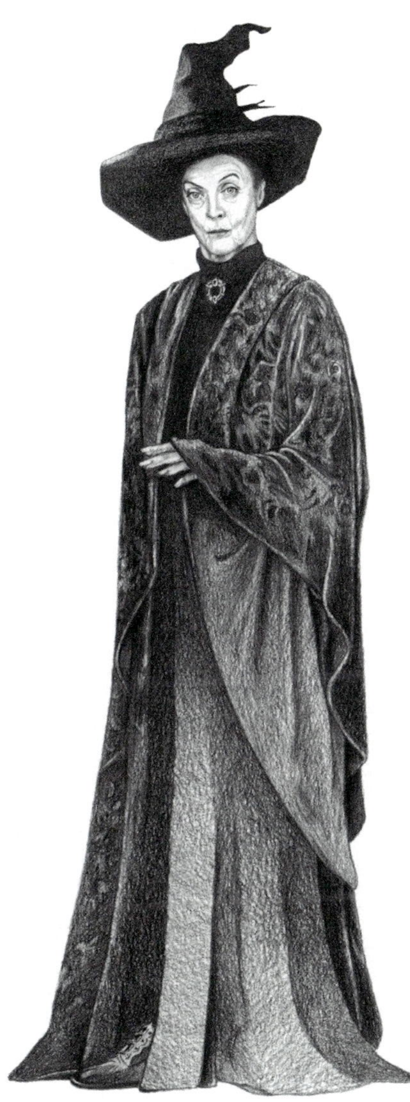

FAST GESCHAFFT …

Lege nun noch letzte Hand an und lasse die Hilfslinien verschwinden, die nun nicht mehr hierher gehören. Zum Glück hast du ja einen Radierer! Arbeite noch weitere Schatten im unteren Bereich von Professor McGonagalls Umhang ein.

GEWUSST, WIE!

Wenn dich gegen Ende noch immer etwas an der Figur stört, kannst du ruhig zurückgehen und Änderungen vornehmen. Deine Zeichnung ist erst dann fertig, wenn du es sagst! Zögere nicht, dein Werk zu überarbeiten – alle Künstler tun das.

ENDERGEBNIS

Nachdem die samtene Beschaffenheit ihres Umhangs noch hie und da durch ein paar Details ergänzt wurde, ist Professor McGonagall fertig und bereit für ihre nächste Unterrichtsstunde!

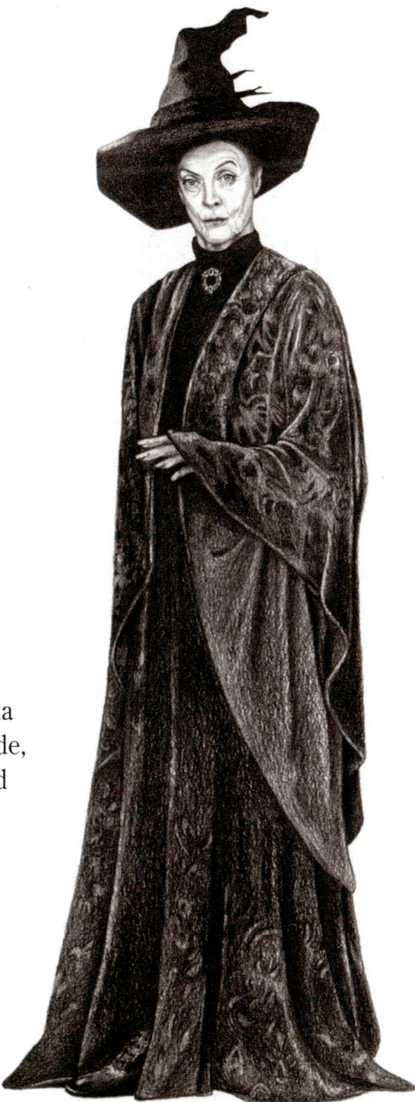

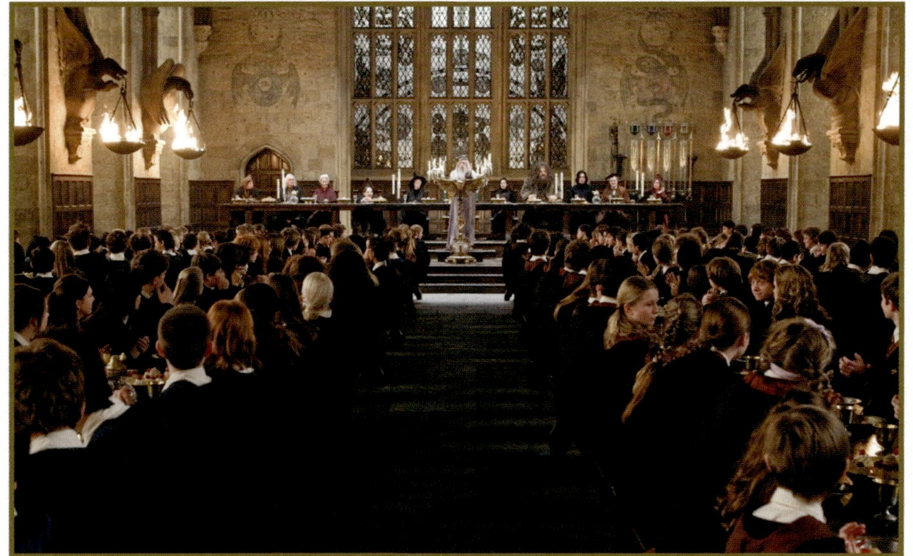

VORLAGE

Gibt es einen passenderen Hintergrund für Professor McGonagall als die Große Halle? Da die Antwort zweifelsohne „nein" lautet, kannst du dir in diesem Bild Ideen für den Hintergrund holen, den du zeichnest. Nimm dir Zeit, um den Raum und seine Einrichtung zu erfassen – vom langen Tisch hinten bis zu den noch längeren Tischen im Vordergrund.

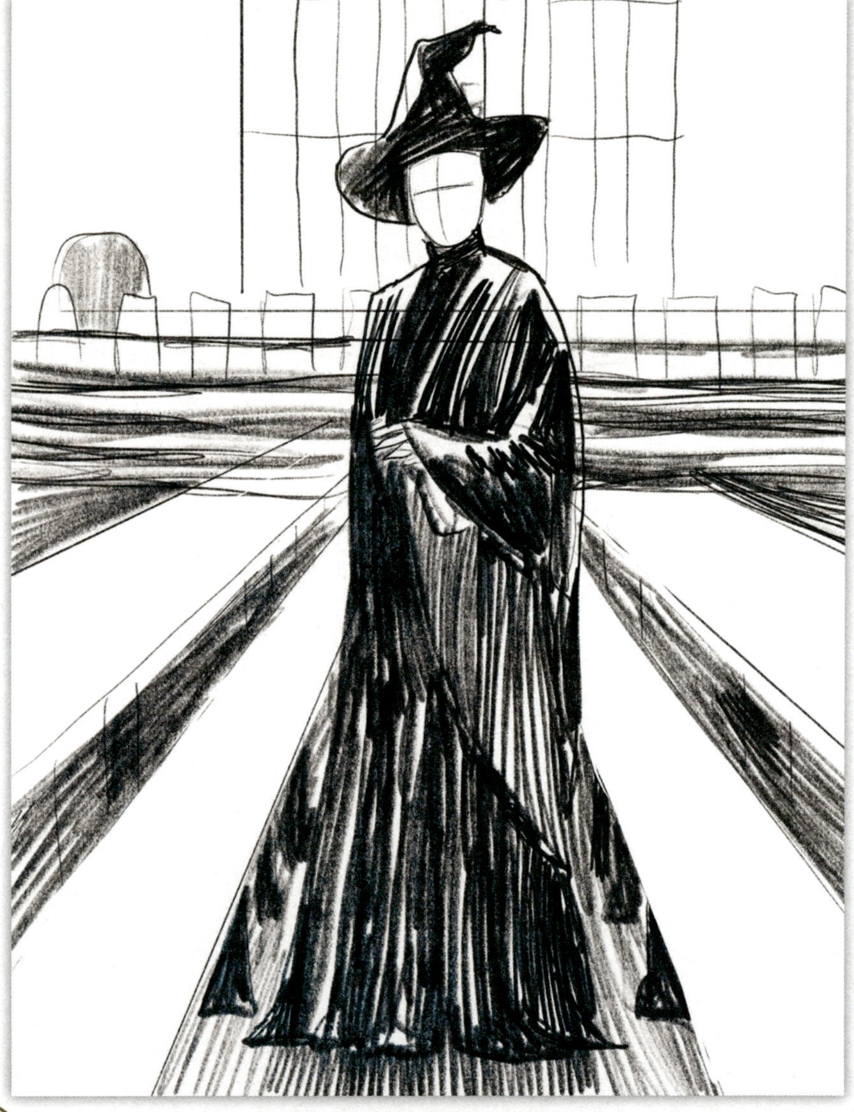

GEWUSST, WIE!

Bei diesem Hintergrund kannst du dir die Zentralperspektive zunutze machen. Was bedeutet das? Ganz einfach! Die Zentralperspektive verleiht deiner Zeichnung Tiefe. Beginne im Vordergrund und folge den Linien der Tische und Bänke. Wenn du sie mit dem Lineal verlängerst, stellst du fest, dass sie alle in einem Zentrum zusammenlaufen – dem sogenannten Fluchtpunkt. Der liegt zwar eigentlich oben in der Zeichnung, wirkt aber so, als würde er hinten im Raum liegen. Das ist räumliche Tiefenwirkung.

GROBE EINTEILUNG

Professor McGonagall soll in der fertigen Zeichnung vorn in der Mitte stehen. Mache also zunächst eine grobe Skizze der Figur. Danach zeichnest du um sie herum mit der oben beschriebenen Technik grob die Hintergrundformen ein.

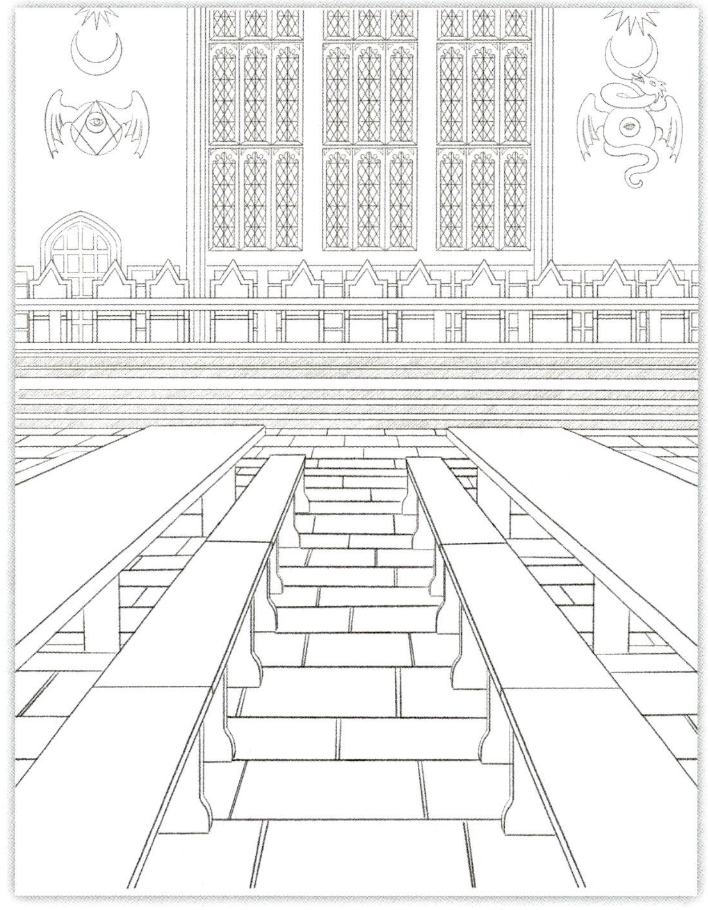

AUSARBEITUNG

Wie immer zeigen wir dir die Ausarbeitung des ganzen Hintergrunds. Beginne im Vordergrund und zeichne die Grundformen der Tische und Bänke, dann der Steinfliesen auf dem Boden. Zum Schluss kommen der Tisch, die Stühle und das Fenster hinten im Raum. Keine Sorge, du brauchst hier nicht jeden einzelnen Schüler darzustellen. Das kommt erst im nächsten Kapitel. (Kleiner Scherz!)

GEWUSST, WIE!

Die Zentralperspektive braucht etwas Übung. Darum ist es nicht ungewöhnlich, wenn dein erster Versuch nicht gerade magisch wirkt. Irgendwann war jeder mal Anfänger! Probiere es einfach immer wieder – bis es klappt!

SCHATTEN UND DETAILS

Überlege dir, wie das Licht auf die verschiedenen Elemente des Hintergrunds fällt, und schattiere dann entsprechend die hellen und dunklen Bereiche. Mit längeren Bleistiftstrichen kannst du die Holzmaserung in den Tischen und Bänken andeuten.

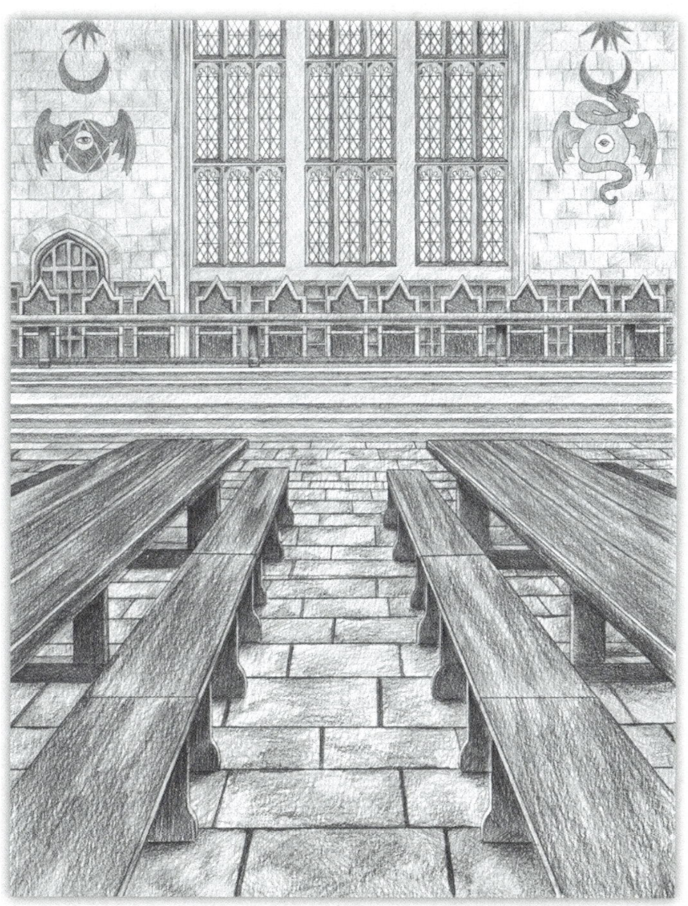

KOMPOSITION

Wenn du die Figur und den Hintergrund zusammenfügst, sieht es aus, als würde Professor McGonagall in der Großen Halle vor dir stehen und dich direkt ansehen. Hoffentlich hast du deine Hausaufgaben gemacht, sonst verliert dein Haus ein paar Punkte …

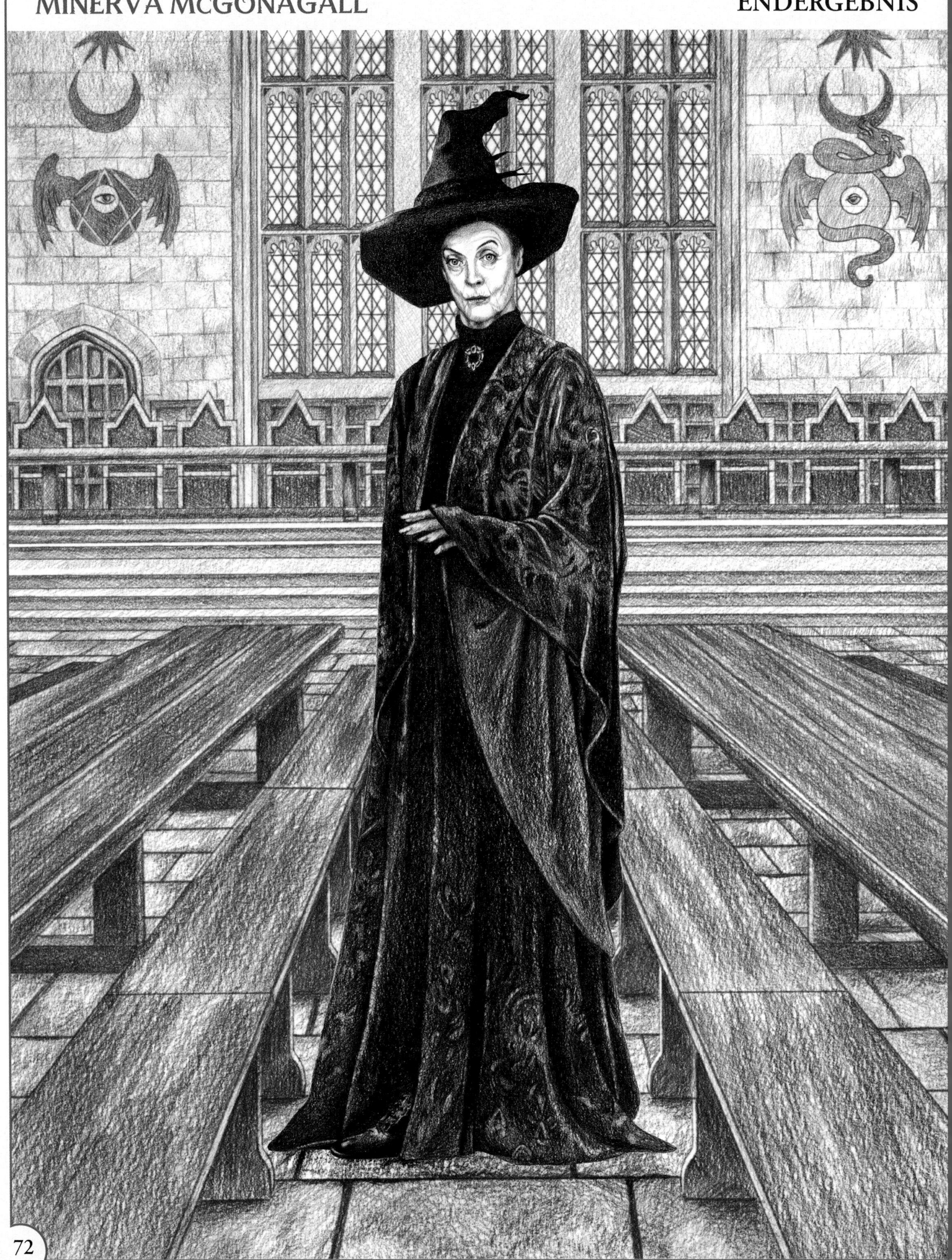

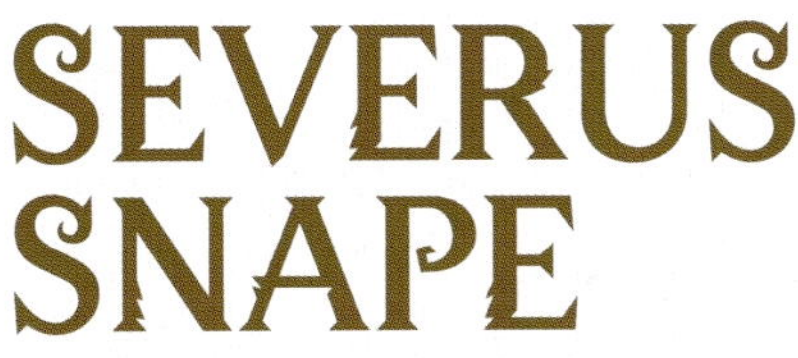

SEVERUS SNAPE

Während seiner Zeit in Hogwarts war Professor Severus Snape Zaubertrankmeister, unterrichtete Verteidigung gegen die dunklen Künste und fungierte vorübergehend sogar als Schulleiter. Der für seine mürrische Art bekannte Lehrer, der allein mit seinem Blick jeden aufmüpfigen Schüler in die Schranken wies, schien es besonders auf Harry Potter abgesehen zu haben. Mit anderen Worten: Er war die ganze Zeit fies zu ihm. In Wahrheit war Snape in seiner Jugend in Harrys Mutter Lily verliebt. Nach dem Tod von Harrys Eltern erklärte sich Snape bereit, dabei zu helfen, Harry zu beschützen. Unter einer Bedingung: Dumbledore durfte niemals verraten, dass Snape Gefühle für Harrys Mutter hatte. Erst nach dem Tod des Zauberers erfuhr Harry, dass Snape eigentlich gar nicht so böse war.

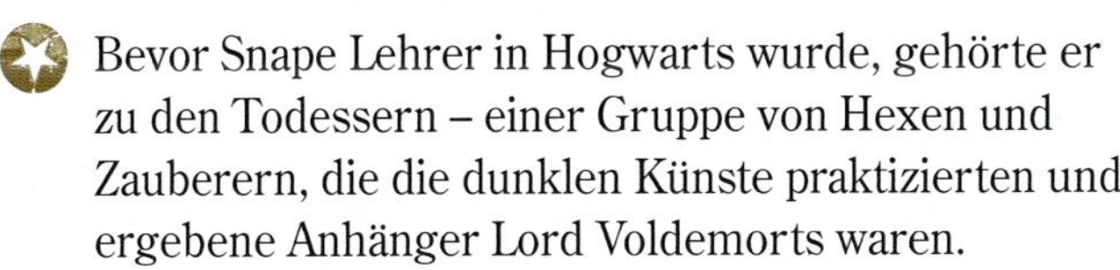

- Bevor Snape Lehrer in Hogwarts wurde, gehörte er zu den Todessern – einer Gruppe von Hexen und Zauberern, die die dunklen Künste praktizierten und ergebene Anhänger Lord Voldemorts waren.
- Snape war auch Hauslehrer von Slytherin und nahm Draco Malfoy, den Sohn von Lucius und Narzissa Malfoy, in seine Obhut.

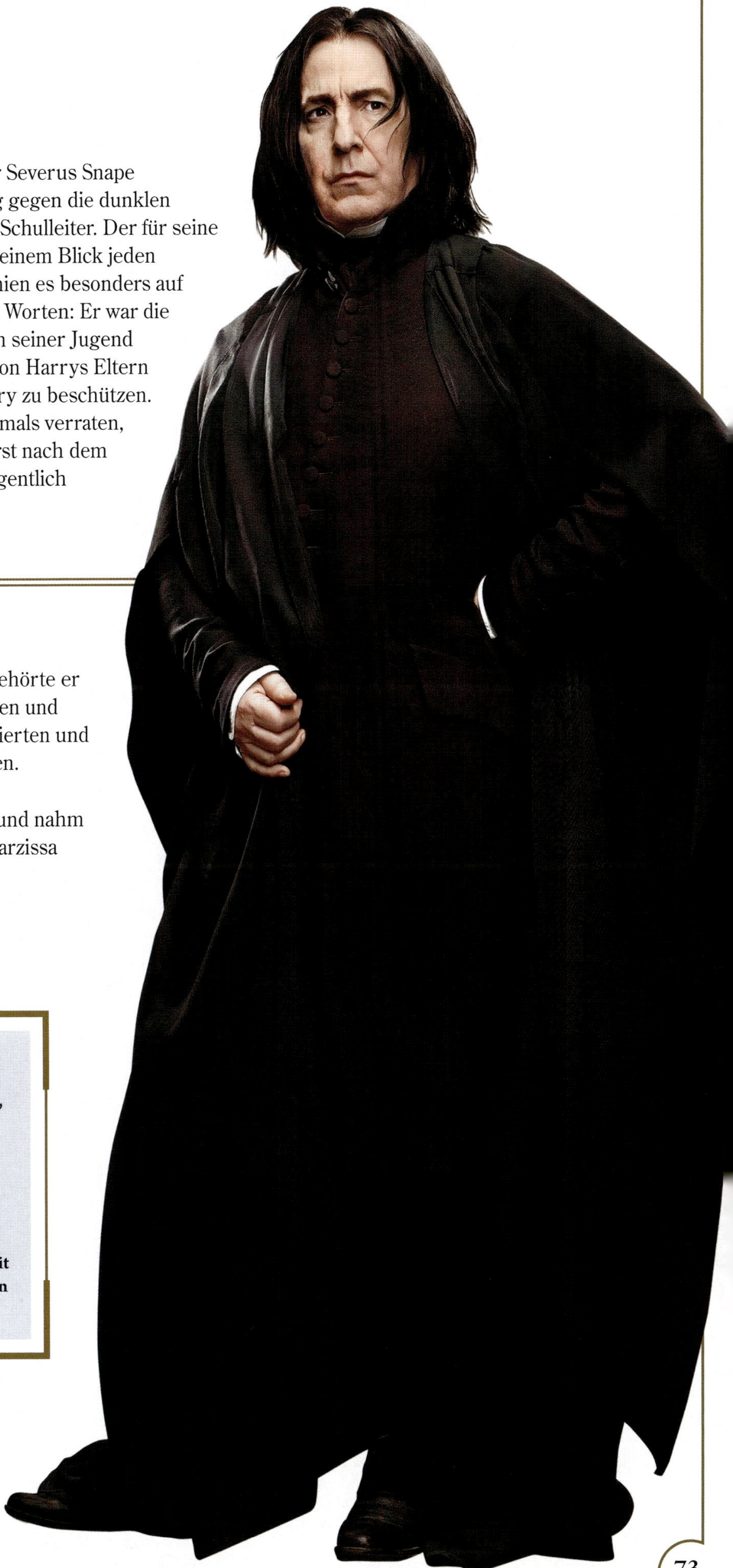

GEWUSST, WIE!

Snapes Persönlichkeit hat dunkle Züge, und dies spiegelt sich in seiner Kleidung wider. Zwar tragen auch andere Lehrer dunkle Umhänge, doch kommt an Snapes Gewand, das er darunter trägt, seine düstere, zugeknöpfte und verschlossene Art zum Vorschein. In diesem Abschnitt experimentierst du mit dem Einsatz dunklerer Töne und einigen verblüffenden Lichteffekten.

SEVERUS SNAPE

GRUNDGERÜST

Snapes Pose sollte sehr ausdrucksstark sein. Siehst du, wie sein rechter Arm etwas tiefer sitzt als sein linker und wie die linke Hand in die Jackentasche greift? Achte darauf, dass der Winkel der Arme stimmt, wenn du das Strichmännchen zeichnest.

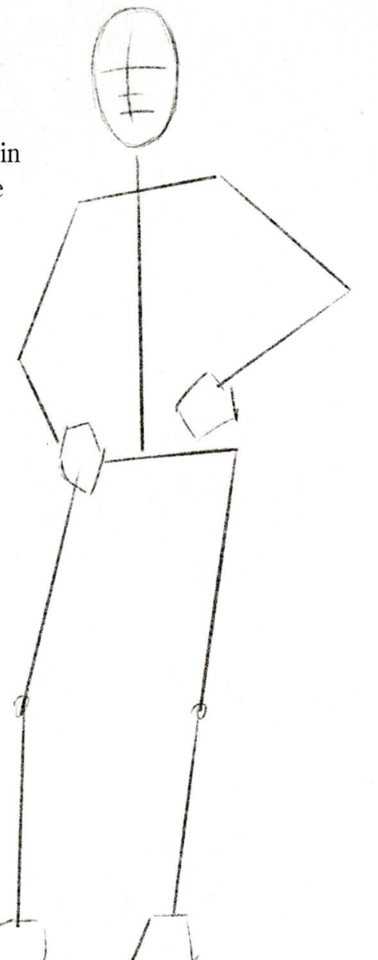

GEWUSST, WIE!

Auch wenn mit Snape bekanntlich nicht gut Kirschen essen war, gibt es etwas, was man ihm lassen muss: Siehst du, welche Haltung er einnimmt? Seine Körpersprache sagt: „Ich habe die Kontrolle." Experimentiere mit der Körpersprache in deinen Zeichnungen. Überlege, was deine Figur zum Ausdruck bringen will, und versuche, das in deiner Darstellung zu vermitteln.

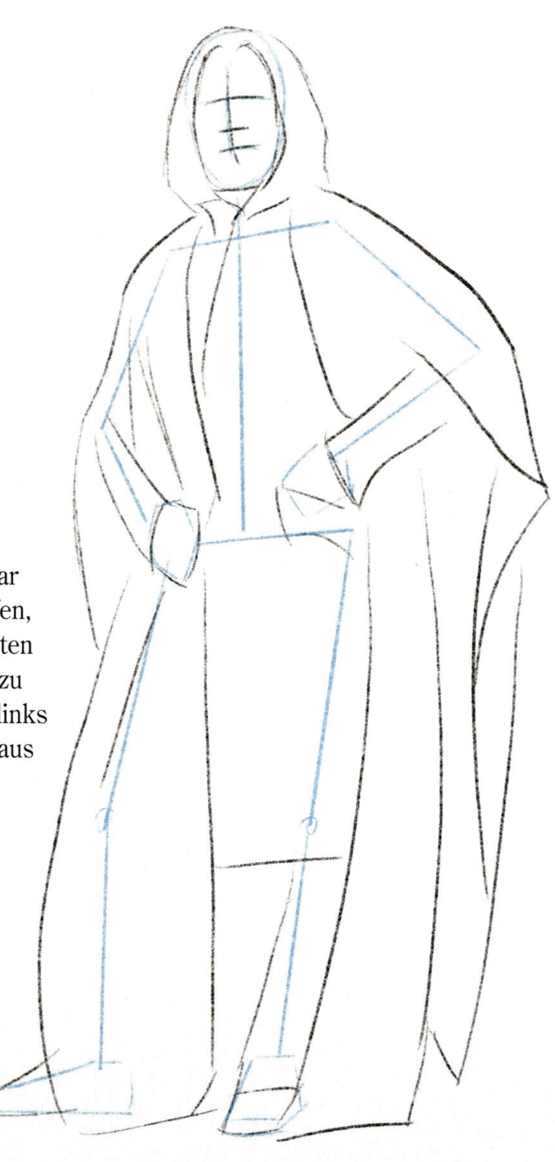

FORMGEBUNG

Deute Snapes Umhang mit ein paar Strichen an. Er ist in der Mitte offen, und die linke Seite sollte nach hinten gezogen sein, sodass seine Jacke zu sehen ist. Füge die Jackentasche links hinzu und radiere die linke Hand aus (sie ist nach hinten abgewinkelt).

AUSARBEITUNG

Nachdem du die Proportionen richtig festgelegt und bestimmt hast, was wo hinkommt, kannst du dich auch schon den Details widmen, die Snape so bedrohlich wirken lassen. Beachte die strähnigen Haare, die sein Gesicht säumen, sowie die Knöpfe an der Jacke.

GEWUSST, WIE!

Snape wird meist als Bösewicht gesehen, obwohl wir wissen, auf wessen Seite er eigentlich stand. Solche Charaktere sind sehr interessant (darauf kommen wir im Kapitel „Lord Voldemort" noch näher zu sprechen). Experimentiere nach Lust und Laune mit Snapes Mimik und Gestik und versuche, all die unterdrückten Gefühle in seinem Inneren zum Ausdruck zu bringen.

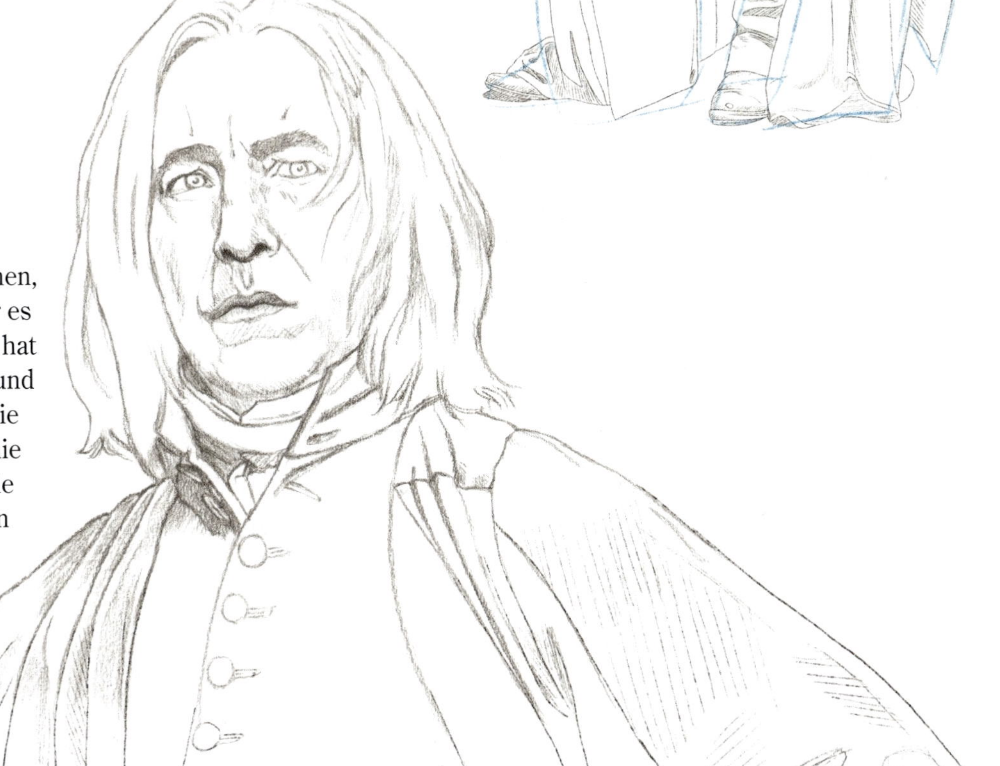

GESICHTSDETAILS

Snapes Mimik auf Papier zu bannen, erfordert einiges an Übung, aber es ist die Mühe wert. Der Zauberer hat eine sehr starke Persönlichkeit, und in seinem Gesicht spiegelt sich die Furcht einflößende Aura wider, die ihn umgibt. Achte darauf, dass die Augenbrauen leicht hochgezogen sind und die Mundwinkel als Ausdruck seiner abschätzigen Haltung leicht nach unten weisen.

KÖRPERDETAILS

Arbeite die Details mittels Schattierungen und dem achtsamen Einsatz von Kontrasten heraus. Betone die einzelnen Haarsträhnen durch den Wechsel von Licht und Schatten. Zeichne nur genau das, was du brauchst, um den gewünschten Eindruck zu vermitteln. Überflüssige Linien können ausradiert werden.

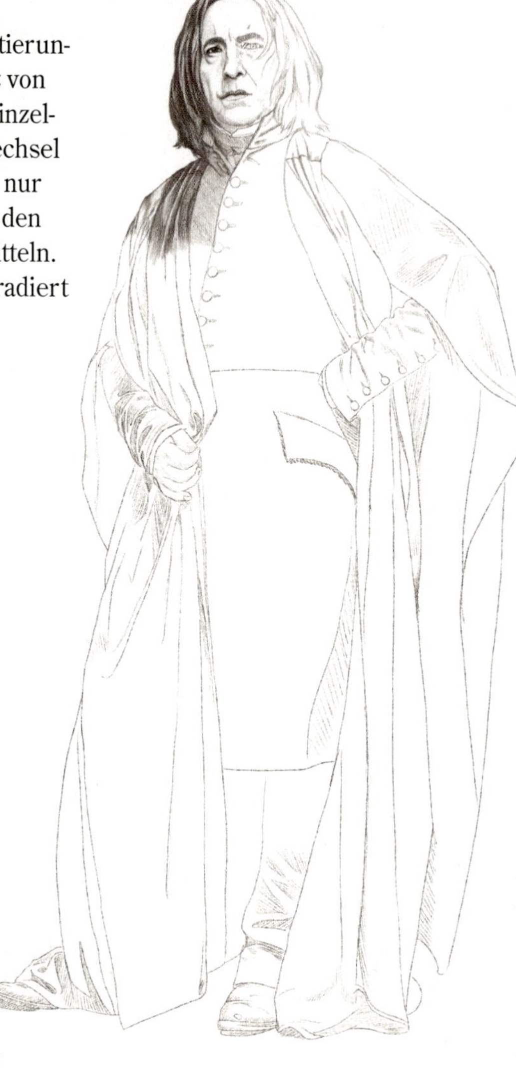

GEWUSST, WIE!

Achte beim Schattieren von Snapes Gesicht darauf, dass die zarten Linien, die du bereits zu Papier gebracht hast, nicht untergehen. Die Details, auch wenn sie im Schatten liegen, sollen in der fertigen Zeichnung noch zu sehen sein.

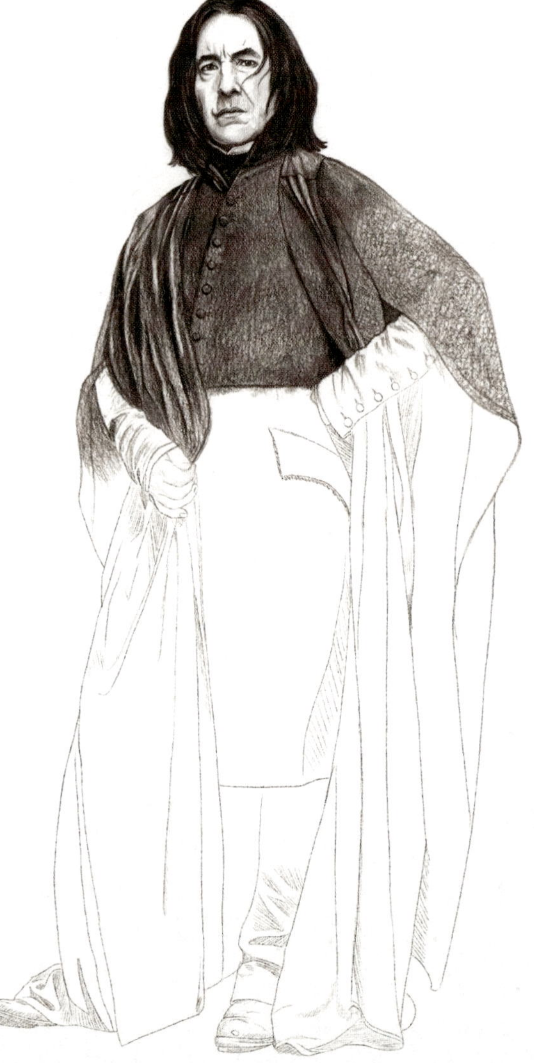

STRUKTUREN

Bringe die Beschaffenheit von Snapes Kleidung – vom Umhang über die Jacke bis zur Hose – durch den vorsichtigen Einsatz von Schatten zum Ausdruck. Betrachte die Knopfleiste über der Brust. Siehst du, dass der Stoff der einen Seite hier etwas höher liegt als auf der anderen Seite?

GEWUSST, WIE!

Unterschiedliche Stoffe kannst du mit dem Bleistift durch unterschiedliche Strichlängen darstellen. Für die Schattierung des Umhangs eignen sich längere Striche. Bei der Jacke kannst du ganz kurze Striche einsetzen, fast schon wie Gekritzel. Das erzeugt ganz unterschiedliche Effekte.

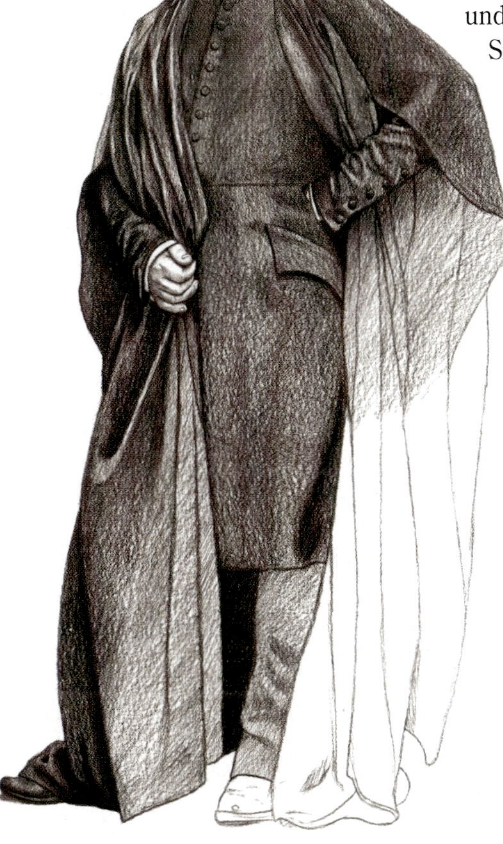

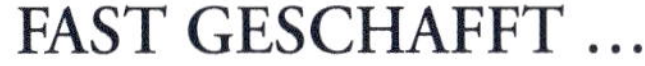

FAST GESCHAFFT …

Gestalte Snape mit den Techniken aus den vorherigen Schritten plastischer. Betone dunkle und helle Stellen, vor allem bei den Falten der Kleidung, und vergiss nicht, den Bereich hinter Snapes linkem Bein abzudunkeln, um die Innenseite des Umhangs anzudeuten.

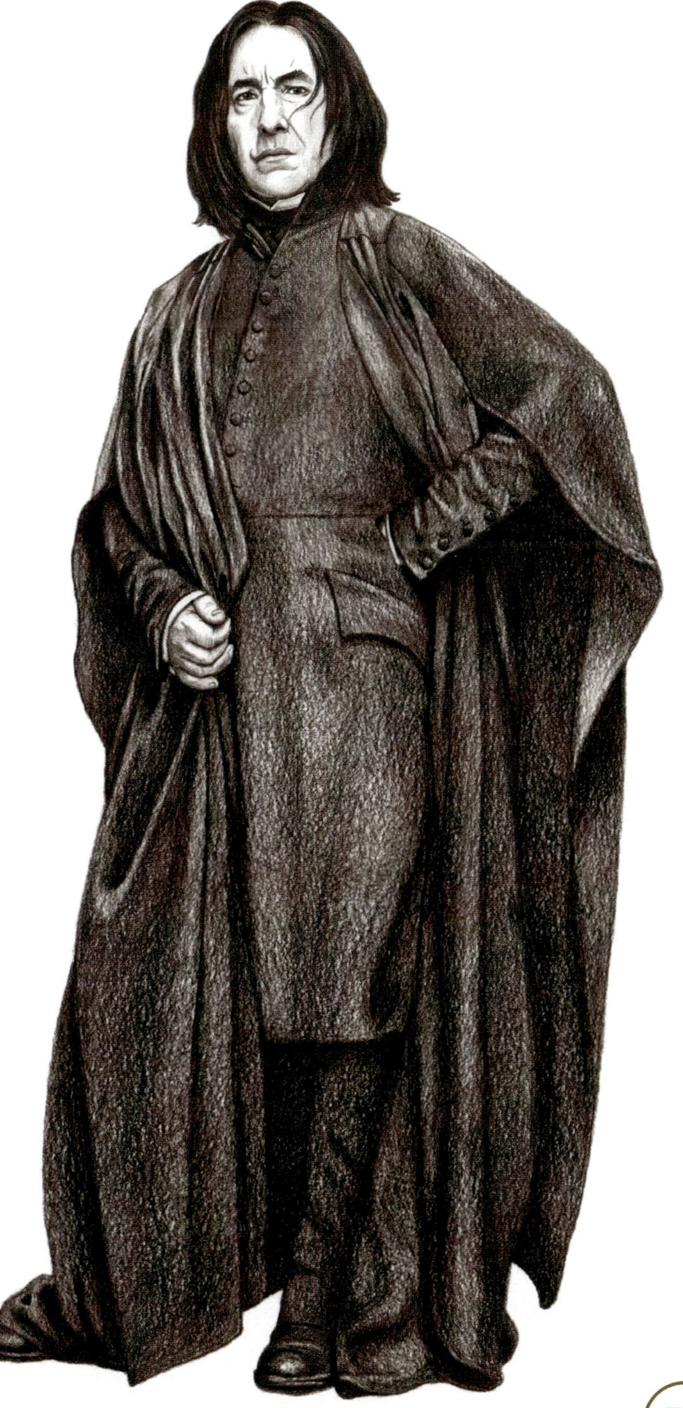

GEWUSST, WIE!

Vergiss nie, dass du für das Auftreten deiner Figuren verantwortlich bist. Ja, Auftreten! Du hauchst den Figuren in deinen Zeichnungen Leben ein und verleihst ihnen Ausstrahlung, Haltung und Ausdruck. Zudem sorgen kleine Details wie Haarsträhnen, die wie bei der Zeichnung von Snape ins Gesicht fallen, in deinem Werk für eine bestimmte Aura und Individualität.

ENDERGEBNIS

Überlege, ob du deine Zeichnung noch mit weiteren Details ergänzen willst, und radiere überflüssige Linien aus. Sieht ganz so aus, als wärst du fertig! Sag mir nun: „Was bekomme ich, wenn ich einem Wermutaufguss geriebene Affodillwurzel hinzufüge?“

SEVERUS SNAPE

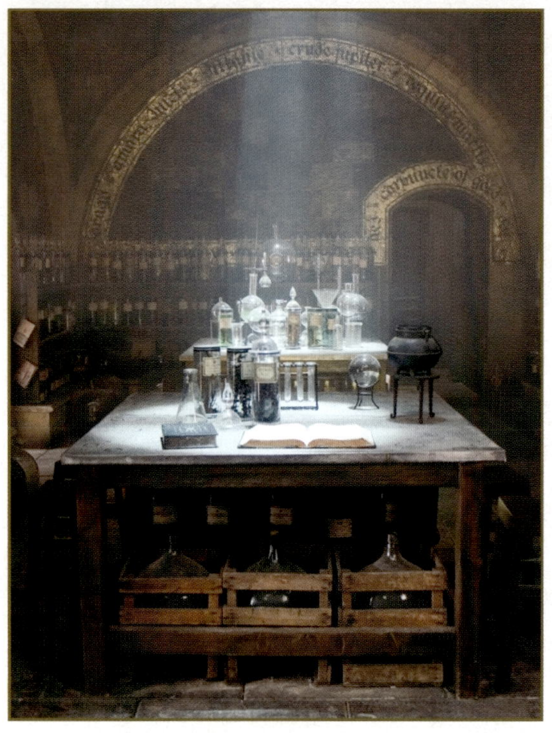

VORLAGE

Professor Snape war bekanntlich einst Zaubertrankmeister von Hogwarts. Daher bietet sich ein Raum voller Zaubertränke als Kulisse für diesen listigen Slytherin an. Wirf einen Blick auf das Foto links und betrachte all die Details. Achte besonders auf den Lichteinfall in der Mitte. Mehr dazu später.

GROBE EINTEILUNG

Wähle die Elemente, die du in deinen Hintergrund einfügen willst, und skizziere sie. Der Hintergrund ähnelt dem für Dumbledore auf Seite 62–65 in einem wesentlichen Punkt: Beide werden in mehreren Ebenen aufgebaut – in diesem Fall vom Boden über den Tisch bis zu den Regalen mit Zaubertränken und der Wand.

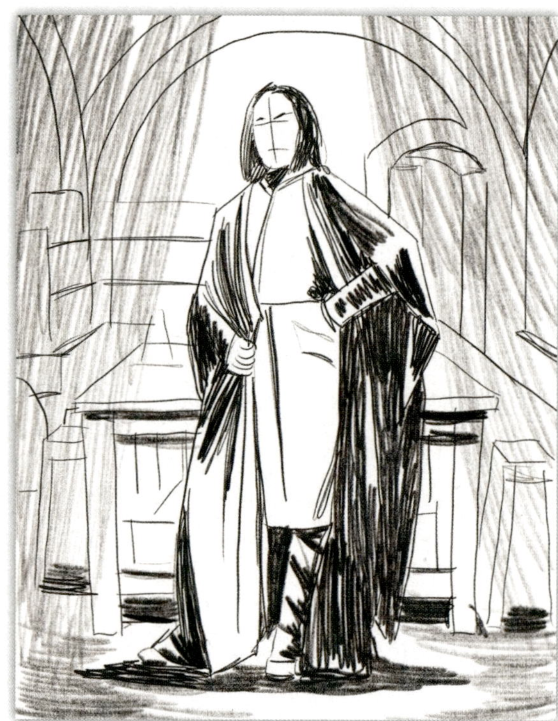

AUSARBEITUNG

Während du die Skizze aus dem vorherigen Schritt weiter ausbaust, sollte vielleicht noch erwähnt werden, dass du wieder die Zentralperspektive einsetzt! Stelle dir in diesem Fall einen Punkt in der Mitte der Zeichnung vor, etwa im oberen Drittel. Dort laufen alle Linien zusammen.

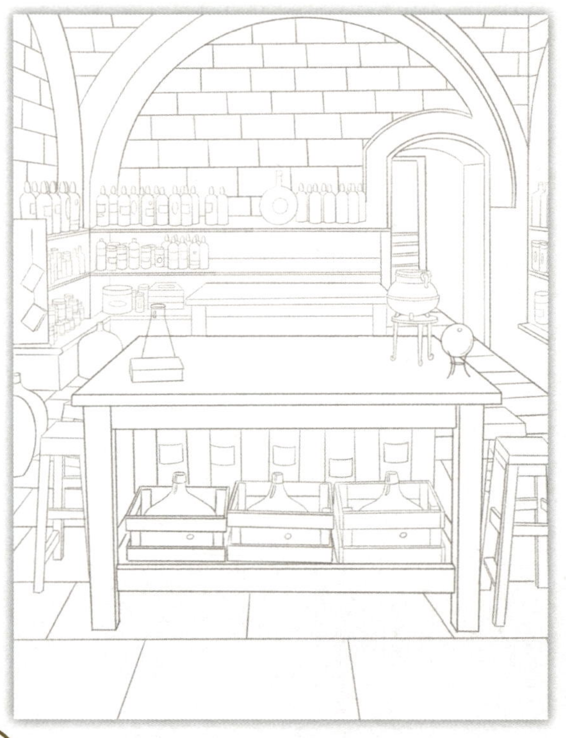

GEWUSST, WIE!

In diesem Hintergrund gibt es viele unterschiedliche Formen, von den Bodenfliesen über den Tisch und die Zaubertrankregale bis zum Gewölbe. Jedes Teil muss hineinpassen. Investiere also zusätzlich Zeit, um all die Details korrekt hinzubekommen. Es ist leichter, Dinge in diesem Stadium zu korrigieren als später, wenn deine Zeichnung schon ausgefeilter ist.

SCHATTEN UND DETAILS

Beginne von oben Schatteneffekte einzuarbeiten, die die dunkleren Steine an den Wänden von den helleren Steinen in den Bögen abheben.

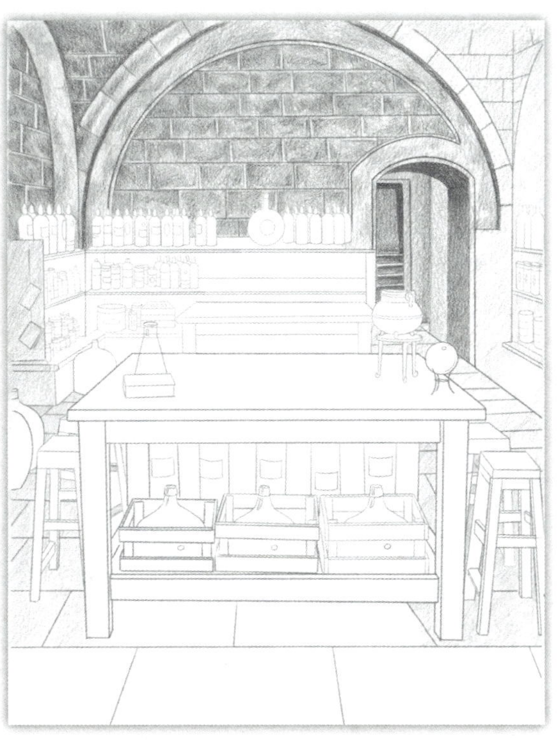

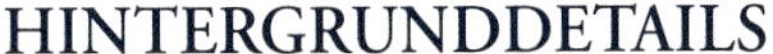

HINTERGRUNDDETAILS

Siehst du all die kleinen Zaubertrankfläschchen im Hintergrund? Du kannst die Beschriftungen auf den Etiketten andeuten – immerhin ist das für einen Zaubertrankmeister von besonderem Interesse, aber mache sie nicht zu detailliert. Erinnere dich, dass Dinge im Hintergrund weiter weg und für den Betrachter nicht so gut zu sehen sind.

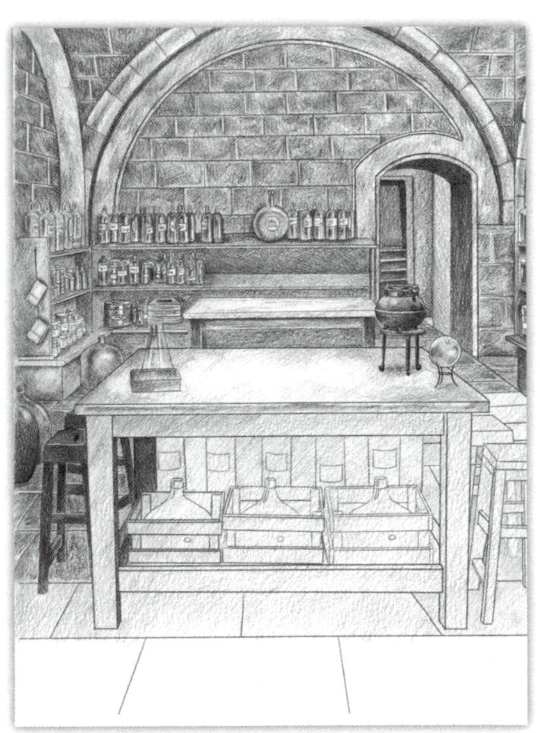

KOMPOSITION

Wenn der Hintergrund fertig ist, kannst du deine Figur einfügen. Für den markanten Lichteffekt (das Licht, das von oben auf Snape fällt) kannst du den Raum auf beiden Seiten ein wenig abdunkeln. Aber achte darauf, dass der Lichtkegel nach unten hin immer breiter wird (siehe Seite 80).

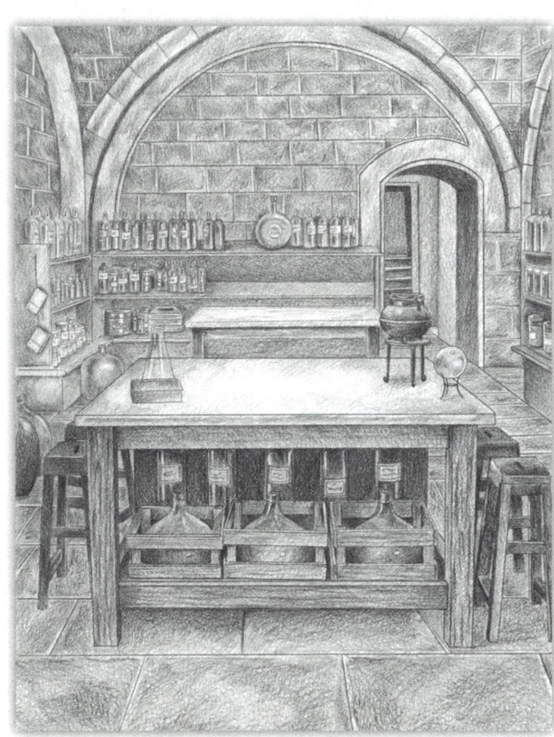

GEWUSST, WIE!

Berücksichtige stets, wo deine Figur sein wird, wenn du einen dunklen Hintergrund hast. Du willst ja nicht ewig herumradieren, um Platz für die Figur zu schaffen.

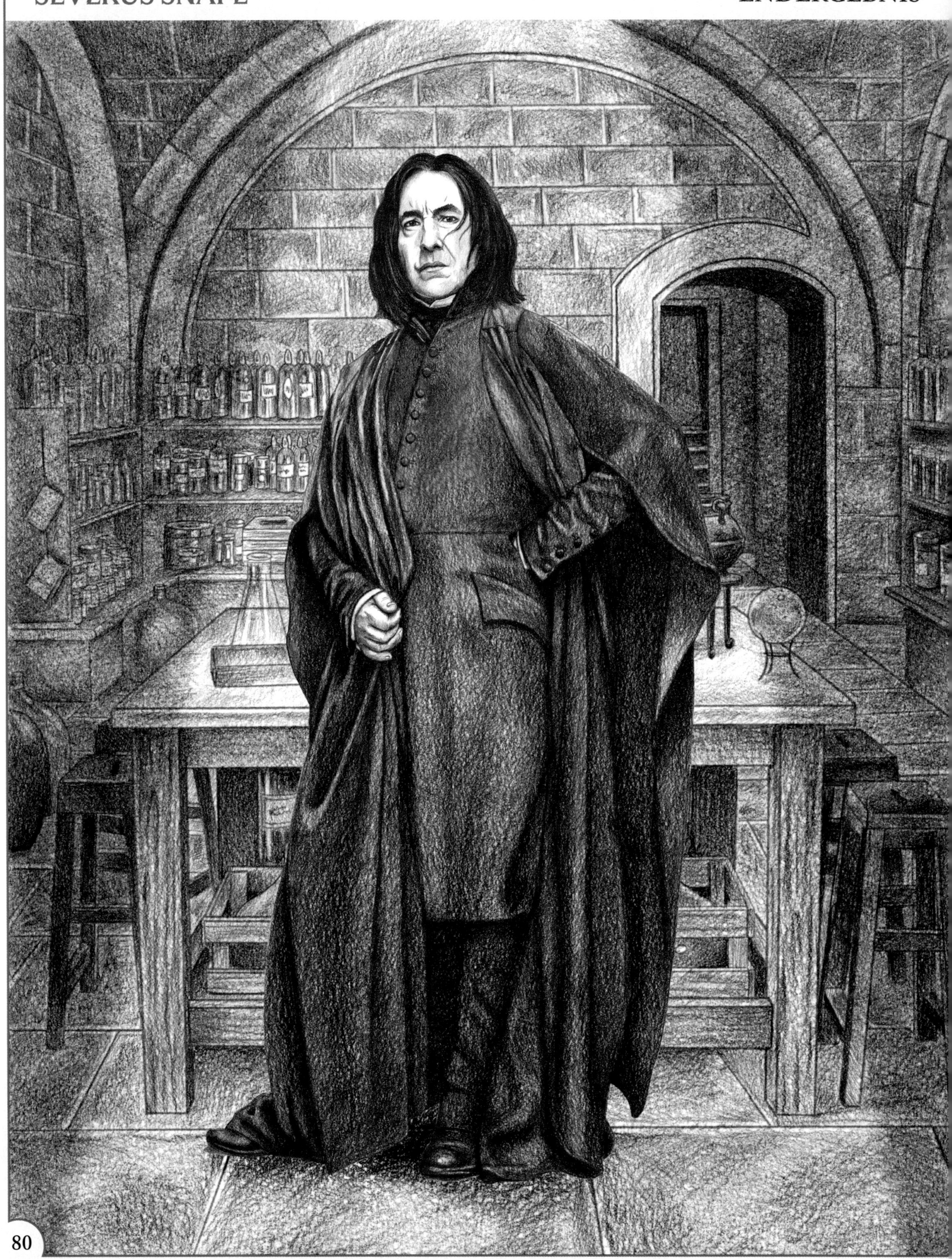

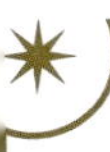

LORD VOLDEMORT

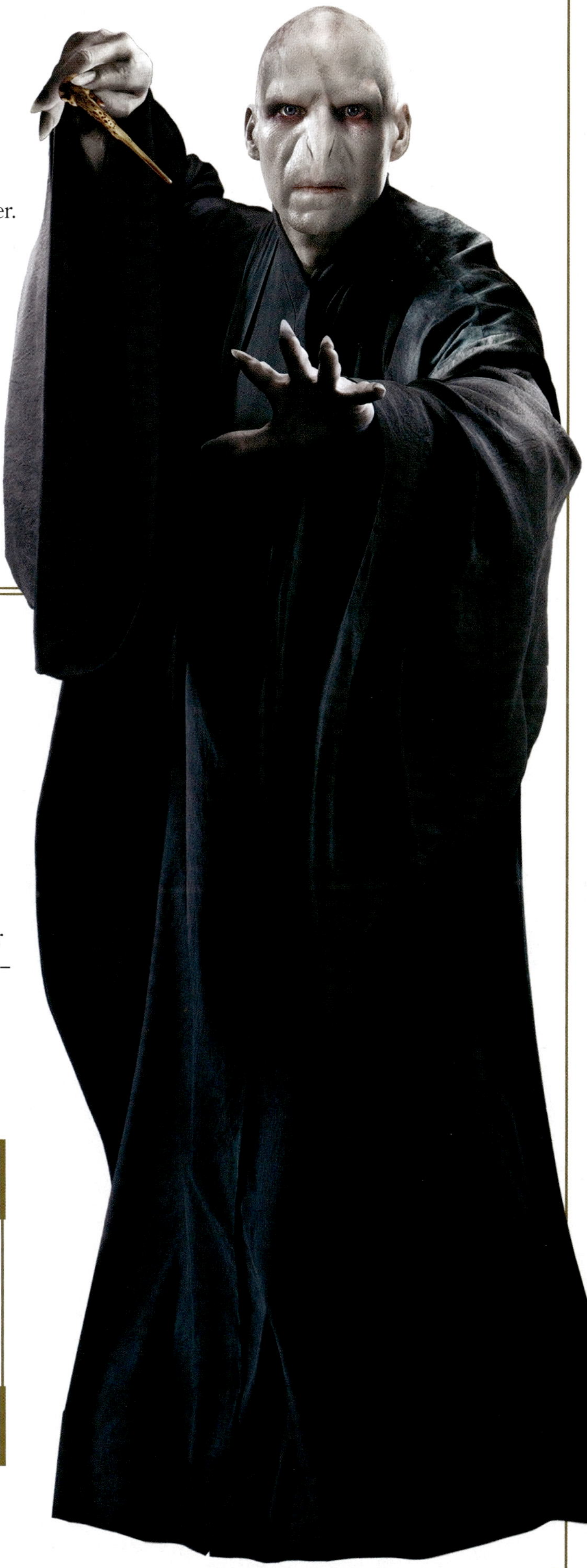

Er hat viele Namen. Tom Vorlost Riddle. Der Dunkle Lord. Er, dessen Name nicht genannt werden darf. Du-weißt-schon-wer. Aber wir kennen ihn vor allem als den berüchtigten Lord Voldemort. Der einst so vielversprechende Slytherin-Schüler Tom war ganz versessen darauf, der größte Zauberer aller Zeiten zu werden. Leider war er auch versessen darauf, böse zu sein. Er erfand sich als Voldemort wieder und versuchte, den kleinen Harry Potter zu töten, um zu verhindern, dass der Junge eines Tages *ihn* vernichten würde! Als der Plan scheiterte, ging Voldemort viele Jahre in den Untergrund und trat erst wieder in Erscheinung, als Harry alt genug war, um Hogwarts zu besuchen.

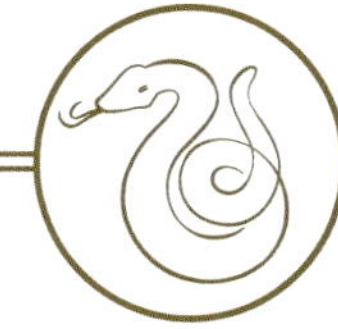

- Als Schüler öffnete Tom Riddle in Hogwarts die Kammer des Schreckens – eine verbotene Handlung, die Riddle Rubeus Hagrid und seiner Haustier-Acromantula Aragog in die Schuhe schob. (Wie viele Hauspunkte hätte er deiner Meinung nach *dafür* verlieren sollen?)
- Voldemort teilte seine Seele und verbarg sie in sieben Objekten, sogenannten Horkruxen. Dadurch erlangte er Unsterblichkeit. Ohne sein Wissen erschuf Voldemort aber beim Versuch, den Jungen zu töten, einen achten Horkrux – Harry Potter selbst. Dies wurde dem Dunklen Lord schließlich zum Verhängnis.

GEWUSST, WIE!

Voldemort ist so ganz anders als die Figuren, die du bisher in diesem Buch gezeichnet hast. Nicht nur, weil er absolut böse ist. Er sieht fast wie ein Mensch aus, bestimmte Details verleihen ihm aber dann doch ein verstörendes Aussehen. Sein schlangenartiges Gesicht (mit Schlitzen statt einer Nase), seine schmalen, roten Lippen und die langen, spitzen Fingernägel lassen Voldemort wie von einer anderen Welt wirken. Behalte diese Andersartigkeit beim Zeichnen im Hinterkopf.

LORD VOLDEMORT

GRUNDGERÜST

Jede Bewegung von Voldemort ist unheimlich. Allein schon seine Körperhaltung verheißt Bedrohung. Beim Zeichnen des Strichmännchens in diesem Schritt kannst du das zum Ausdruck bringen, indem du die Schultern nah am Kopf lässt. Die rechte Hand sollte angehoben sein, da Voldemort den Zauberstab zum Kampf erhebt.

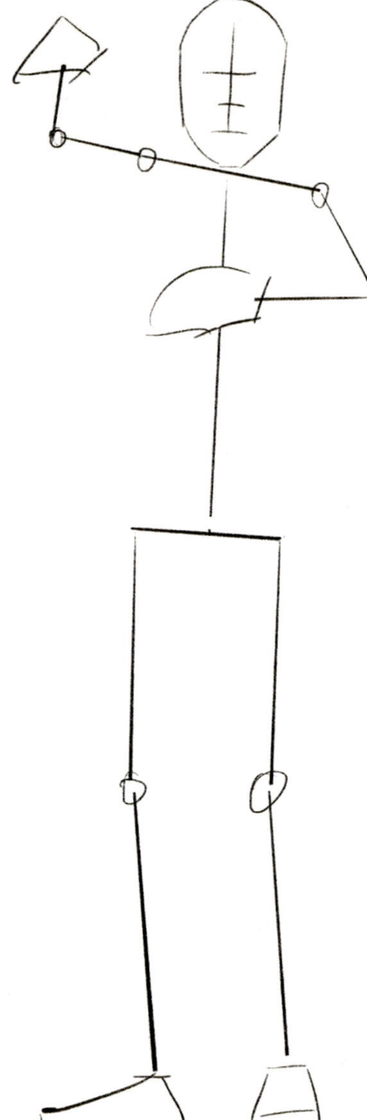

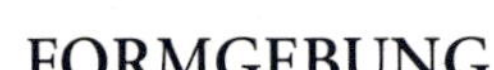

FORMGEBUNG

Wir haben Voldemorts Gesicht vorhin als schlangenartig beschrieben – das gilt auch für seinen Körper. Denke beim Zeichnen der Formen an Kurven wie bei einer Schlange. Siehst du, wie der Umhang seinen Körper umspielt? Es gibt keine geraden Linien.

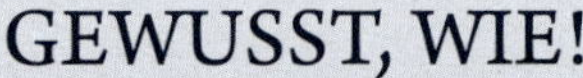

GEWUSST, WIE!

Obwohl Voldemort keine richtige Nase hat, solltest du ihre Position mit einer Linie in seinem Gesicht andeuten. Du brauchst sie als Anhaltspunkt für die beiden reptilienartigen Nasenlöcher.

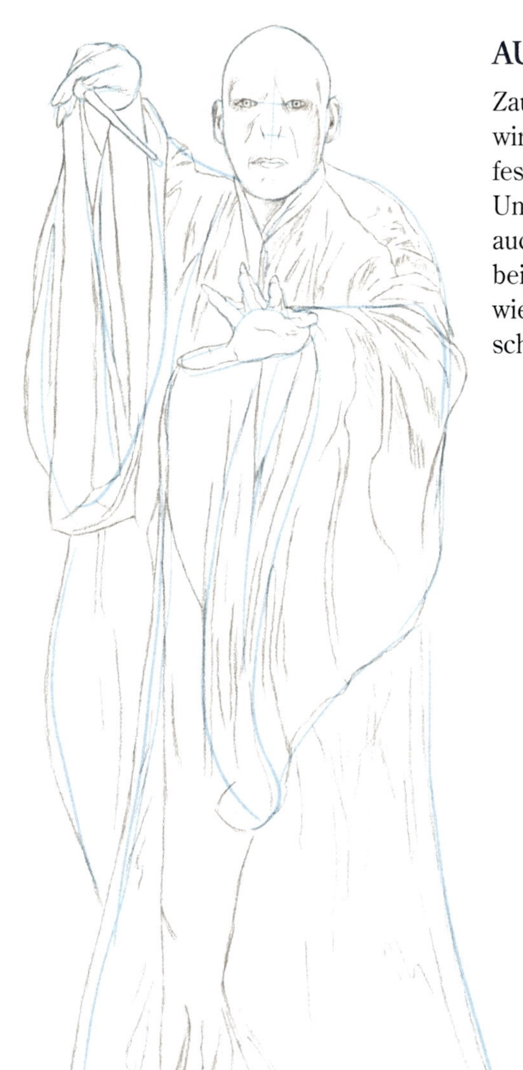

AUSARBEITUNG

Zaubere mit deinem Bleistift ein paar wirklich verstörende Details und lege fest, wo die Falten auf Voldemorts Umhang verlaufen werden. Du kannst auch das Gesicht einschließlich der beiden Nasenlöcher, wie in „Gewusst, wie!“ auf der vorherigen Seite beschrieben, grob skizzieren.

GEWUSST, WIE!

Voldemorts krummer Zauberstab sollte von uns aus gesehen nach rechts unten zeigen. Siehst du, wie er fast schon sachte den Zauberstab hält? Voldemort genießt es, mit seinem Zauber Unheil zu vollbringen und Angst und Schrecken zu verbreiten. Stell ihn dir als einen Künstler des Bösen vor – und der Zauberstab ist sein Pinsel.

GESICHTSDETAILS

Betone Voldemorts Augenbereich durch Schatten. Dadurch wirken die Augen so, als würden sie weiter hinten im Schädel sitzen. Das sorgt für ein unheilvolles Aussehen. Dunkle Schatten unter den Augen unterstreichen ebenso den bösen Blick.

LORD VOLDEMORT

KÖRPERDETAILS

Voldemorts Umhang ist ziemlich dunkel und bildet einen starken Kontrast zu seiner extrem blassen Haut. Achte darauf, dass die Bereiche hinter seiner linken Hand besonders dunkel sind, damit die gruseligen Finger dem Betrachter besonders ins Auge stechen.

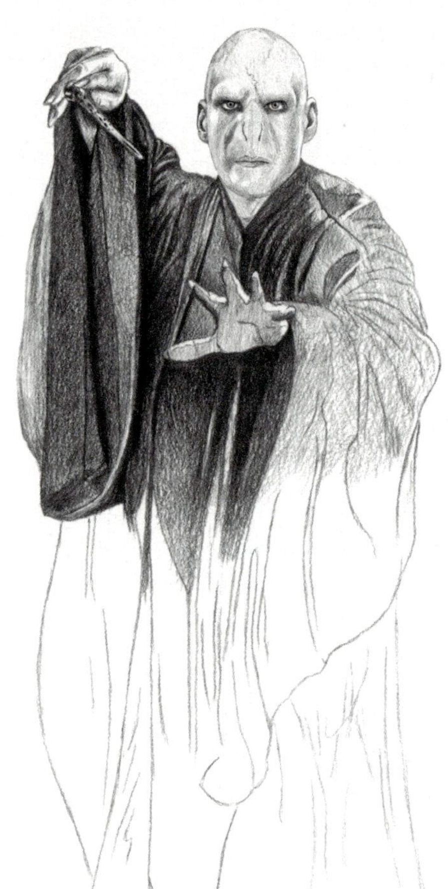

GEWUSST, WIE!

Der Umhang des Dunklen Lords sollte ziemlich lose herabhängen. Eigentlich sollte überhaupt nichts auf den Körper darunter hindeuten. So wirkt Voldemort gleich noch unmenschlicher, geradezu wie ein Monster.

GEWUSST, WIE!

Vergiss beim Schattieren von Voldemorts Umhang nicht, ein Stück Papier unter deine Hand zu legen. Das sei an dieser Stelle nochmals erwähnt, da Voldemorts Umhang so viel Schattierung braucht. Sowohl deine Zeichnung als auch deine Hand können dabei schmutzig werden – also aufgepasst!

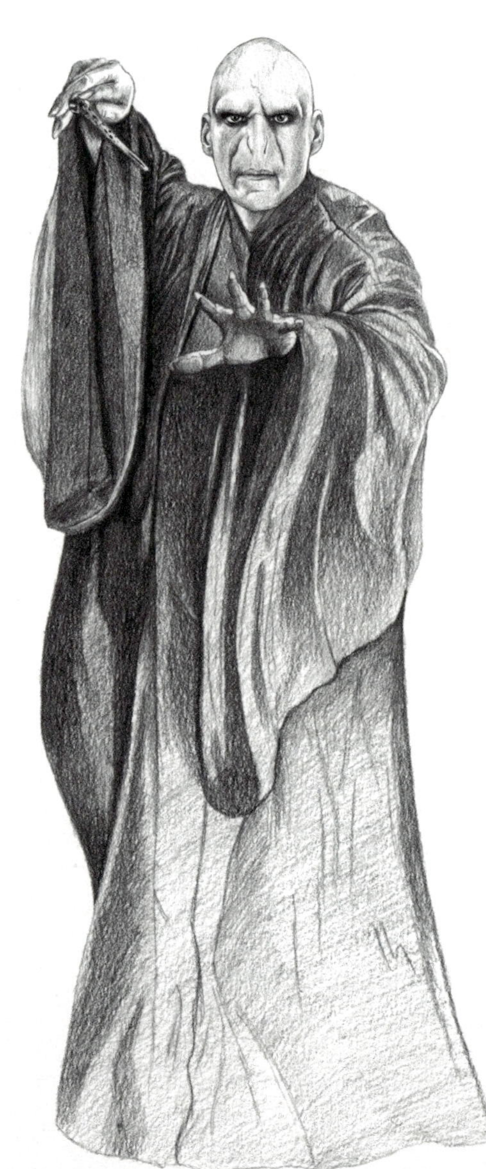

STRUKTUREN

Im Gegensatz zu manch anderen Figuren, an denen du bereits gearbeitet hast, ist Voldemorts Kleidung ziemlich schlicht und ohne Details. Dadurch wird die Aufmerksamkeit auf sein Gesicht gelenkt. Strukturiere den Umhang mit kräftigen, dunklen Strichen.

ENDERGEBNIS

Verpasse der Zeichnung den letzten Feinschliff, indem du ein paar Schatten einfügst und dich noch auf Voldemorts furchterregendes Aussehen konzentrierst, und schon bist du fertig. Nun suchst du besser schnell das Weite!

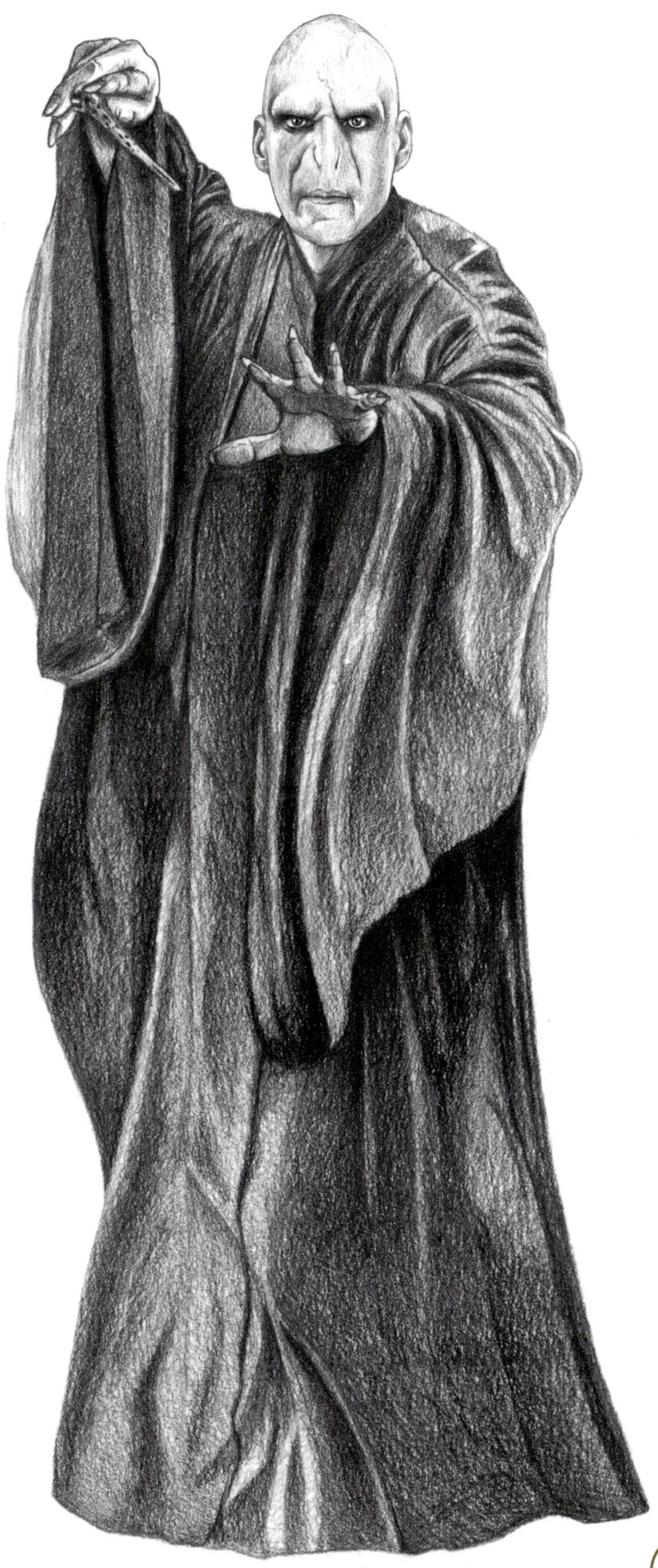

GEWUSST, WIE!

Achte darauf, dass die Schatten unter dem von uns aus gesehen rechten Ärmel so kräftig sind, dass die Form des Ärmels sichtbar wird. Sonst entsteht nicht der Eindruck, dass darunter ein Arm ist, und es wirkt, als würde die linke Hand aus der Mitte seiner Brust ragen.

NÄCHSTE SCHRITTE

Für den Dunklen Lord ist ein besonders gruseliger Hintergrund nötig. Wagst du es umzublättern, um zu sehen, was es ist?

LORD VOLDEMORT

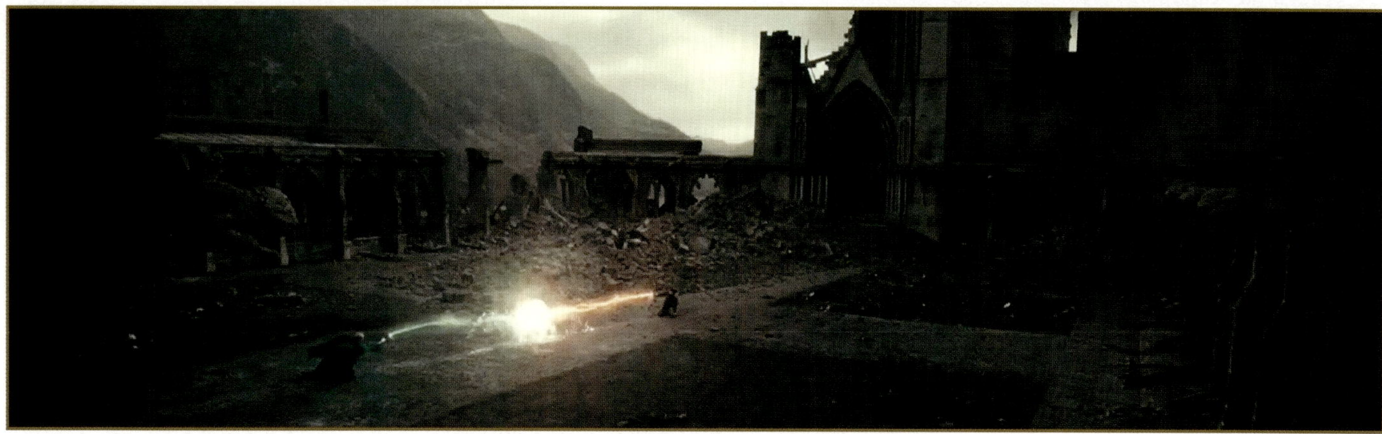

VORLAGE

Da die dunklen Kräfte nicht siegen sollen, haben wir die Kulisse von Hogwarts, besser gesagt die Ruine davon, während Harry Potters letztem Gefecht mit Voldemort gewählt. Nachdem Harry und seine Freunde alle Horkruxe vernichtet hatten, konnte Harry den Meister des Bösen besiegen. Vielleicht fällt es dir mit diesem Wissen etwas leichter, das Bild zu zeichnen.

GROBE EINTEILUNG

Zeichne die Grundformen für den Hintergrund ein. Arbeite dabei rund um eine grobe Skizze der Figur herum, damit du weißt, wo alles platziert ist.

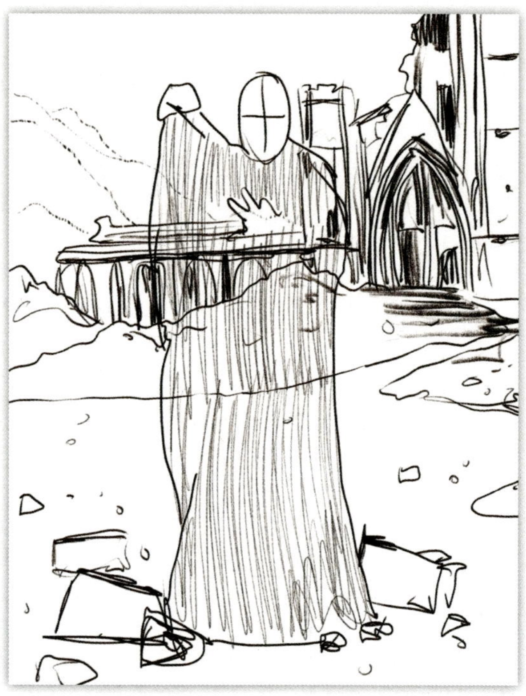

VORDERGRUNDDETAILS

In dieser speziellen Zeichnung platzieren wir ein paar Details vorn – und zwar den Schutt. Das hilft, die Figur in die Umgebung zu integrieren.

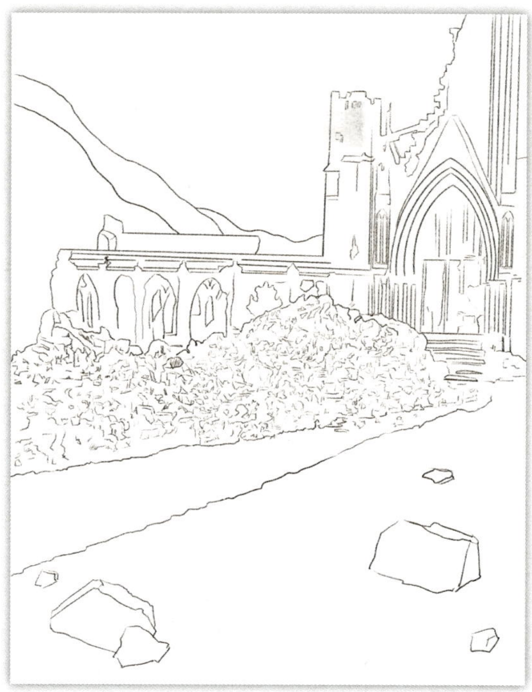

GEWUSST, WIE!

Betrachte die Hintergrundzeichnung genau. Siehst du, wie die Berge von links zur Mitte hin niedriger werden? Und wie die Ruinen von Hogwarts von rechts zur Mitte hin niedriger werden? Dadurch wird das Auge in die Mitte der Zeichnung gelenkt, und beide Seiten wirken ausgeglichen.

SCHATTEN UND DETAILS

Beginne von links ausgehend mit dem Schattieren und vergiss nicht, dass die Berge in den Hintergrund rücken sollen – sie stehen nicht im Mittelpunkt. Füge hier also nicht zu viele Details ein, sonst ziehen sie zu viel Aufmerksamkeit auf sich.

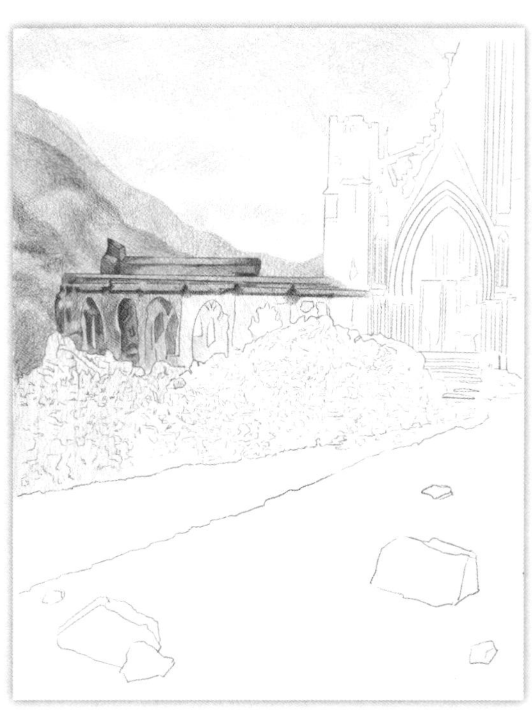

VON HINTEN NACH VORN

Stelle dir diesen Hintergrund als drei unterschiedliche Zeichnungen vor, die übereinandergelegt werden: Die hinterste Ebene enthält die Berge und die Ruinen von Hogwarts, die mittlere Ebene den Schutt und die vordere Ebene den Boden und die Felsbrocken vorn.

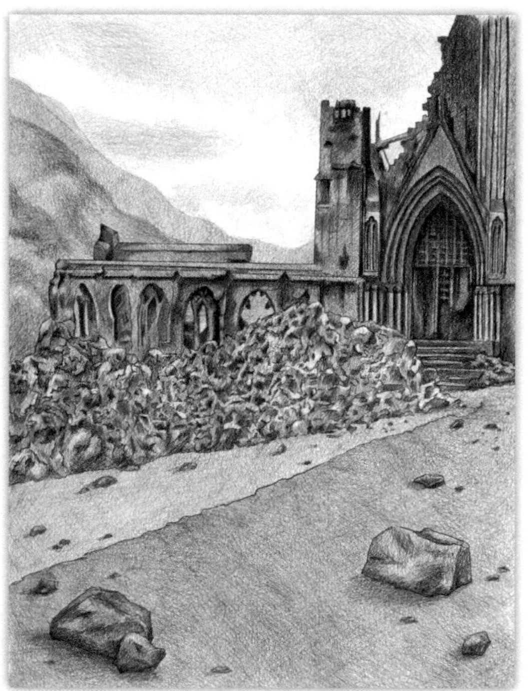

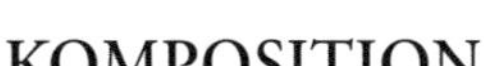

KOMPOSITION

Nun kannst du die Figur von Lord Voldemort ergänzen. (Wir wissen, man sollte ihn nicht bei seinem Namen nennen, aber wir konnten einfach nicht anders.)

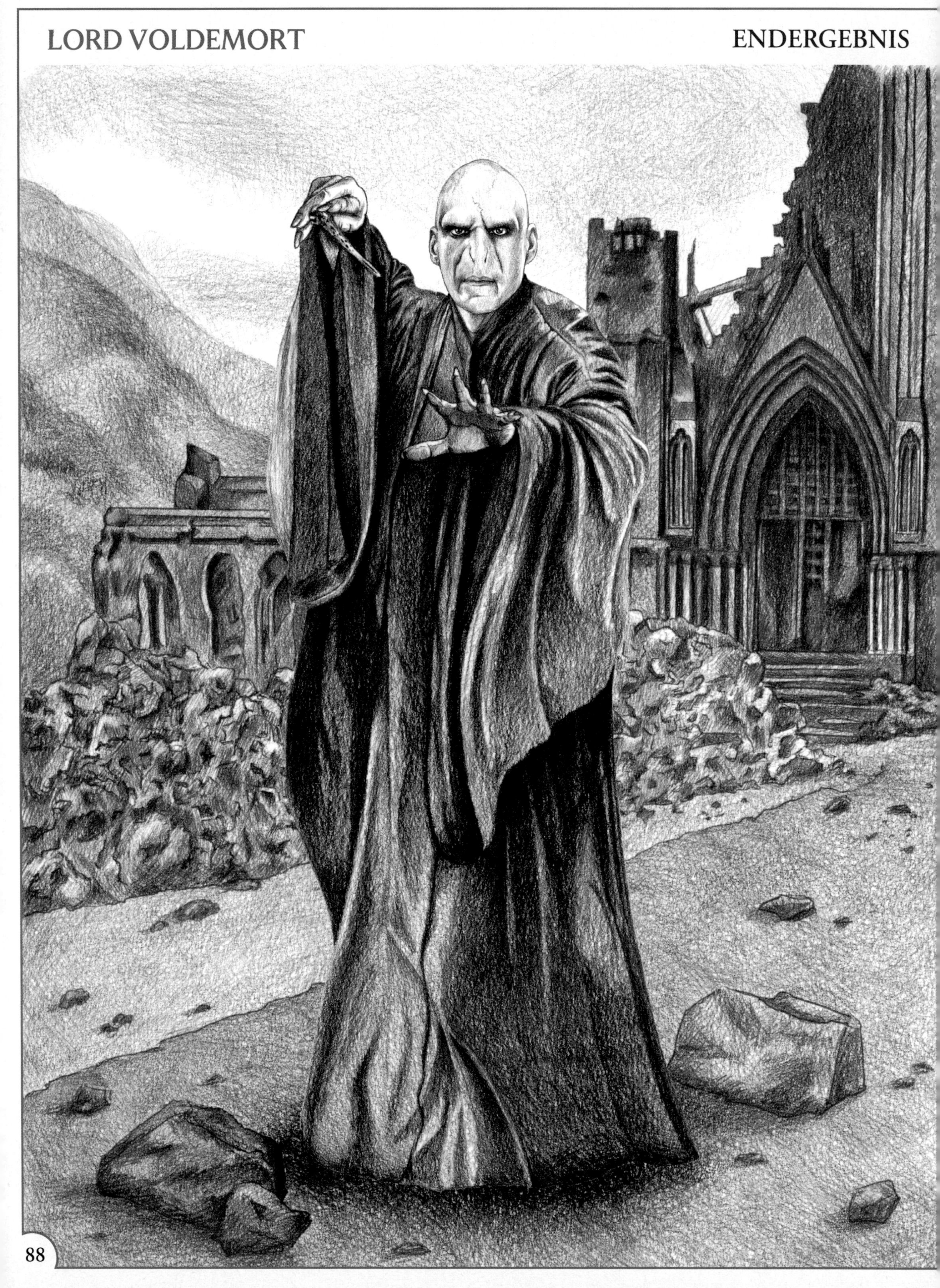

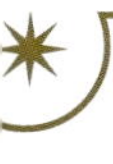

GRUPPENBILD

VORLAGE

Nun wenden wir das bisher Gelernte an und kreieren ein Gruppenbild. Zuerst der Hintergrund: Um alle Figuren unterzubringen, brauchen wir ein größeres Gelände. Unsere Wahl fiel auf eine Rasenfläche mit Hogwarts im Hintergrund.

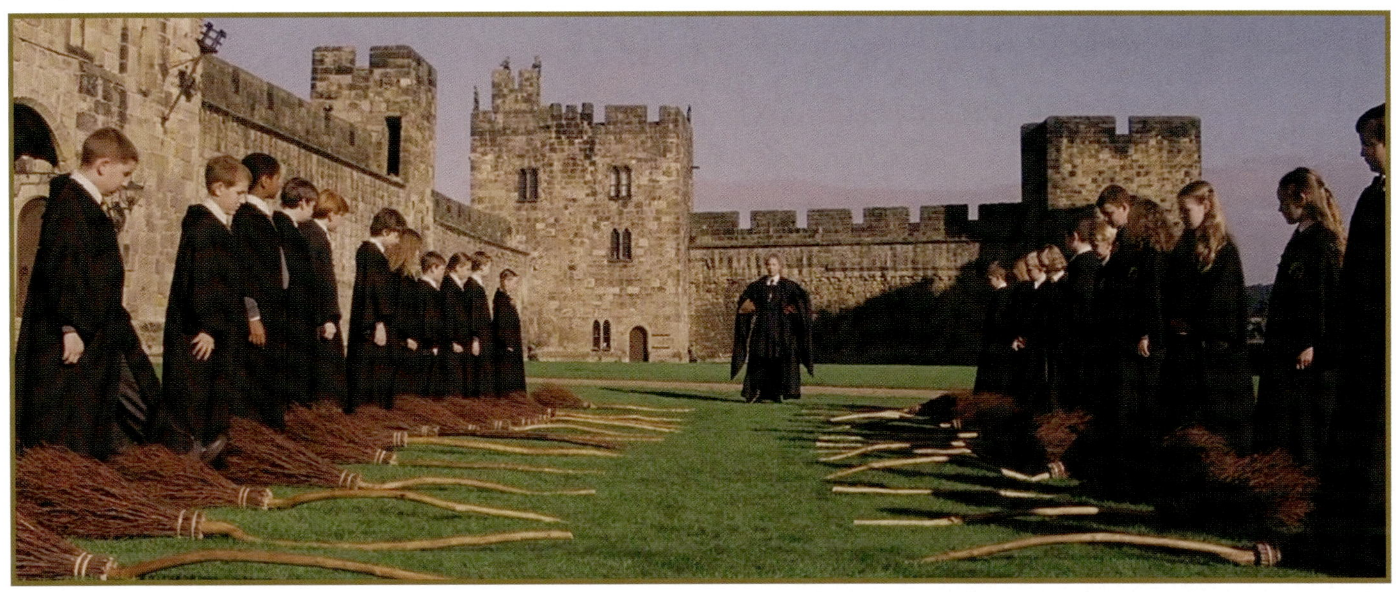

GROBE EINTEILUNG

Deute die Mauern und Türme von Hogwarts mit verschiedenen Formen an. Skizziere dann die gewünschten Figuren, in diesem Fall Hermine, Hedwig, Harry, Ron, Professor McGonagall, Dumbledore und Professor Snape. Und über ihnen schwebt wie ein Schreckgespenst Lord Voldemort. Bedenke bei deiner Arbeit: Es ist in Ordnung, die Posen für eine Gruppenszene zu verändern, sodass alles Sinn ergibt. In diesem Fall haben wir Dumbledores Zauberstab so angepasst, dass es nicht aussieht, als würde er Harry und seine Freunde angreifen. Voldemorts Augen wurden so abgeändert, dass er Harry anstarrt.

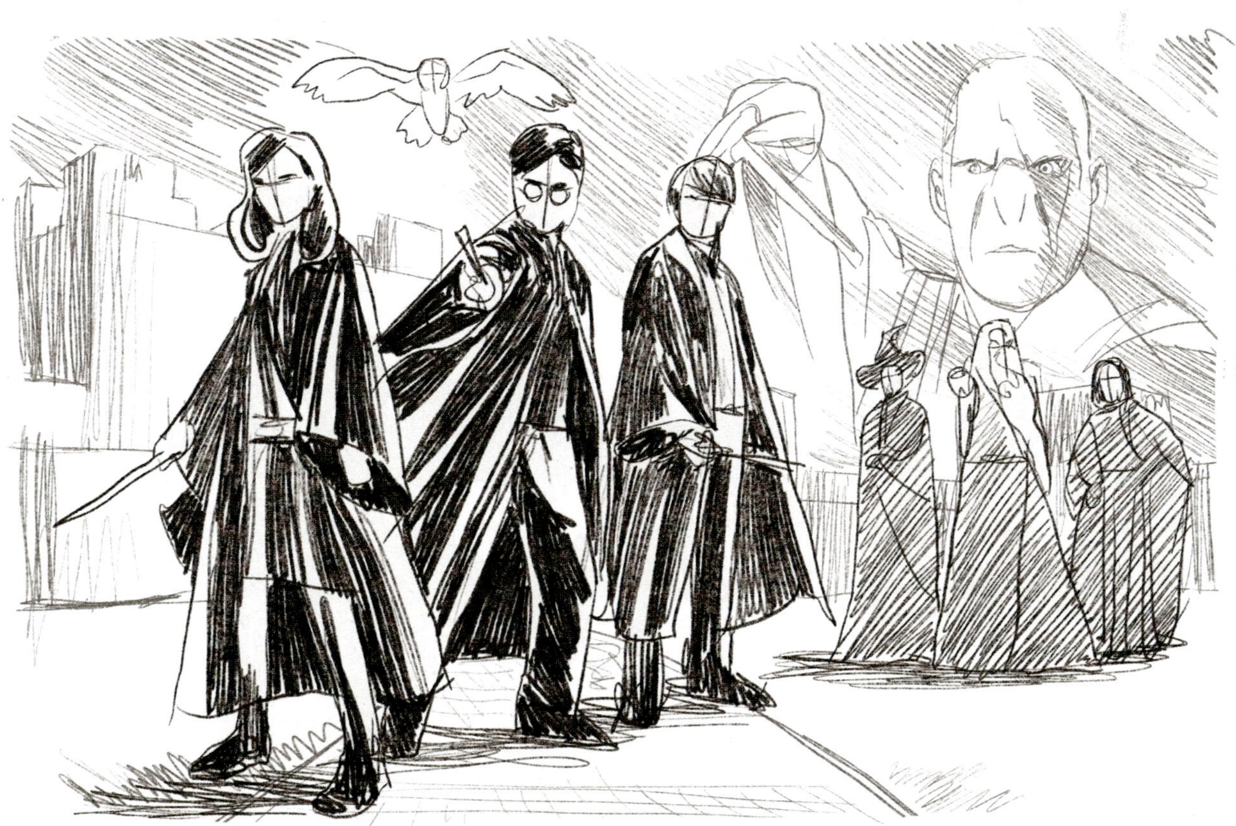

GRUPPENBILD

AUSARBEITUNG

Lege mithilfe der bereits gelernten Techniken die Form der Mauern und Gebäude fest. Du kannst auch einen Pflastersteinweg einfügen, der von vorn nach hinten zum Eingang führt. Dieser Pfad sollte vorn breiter sein (da er hier näher am Betrachter ist) und hinten schmäler.

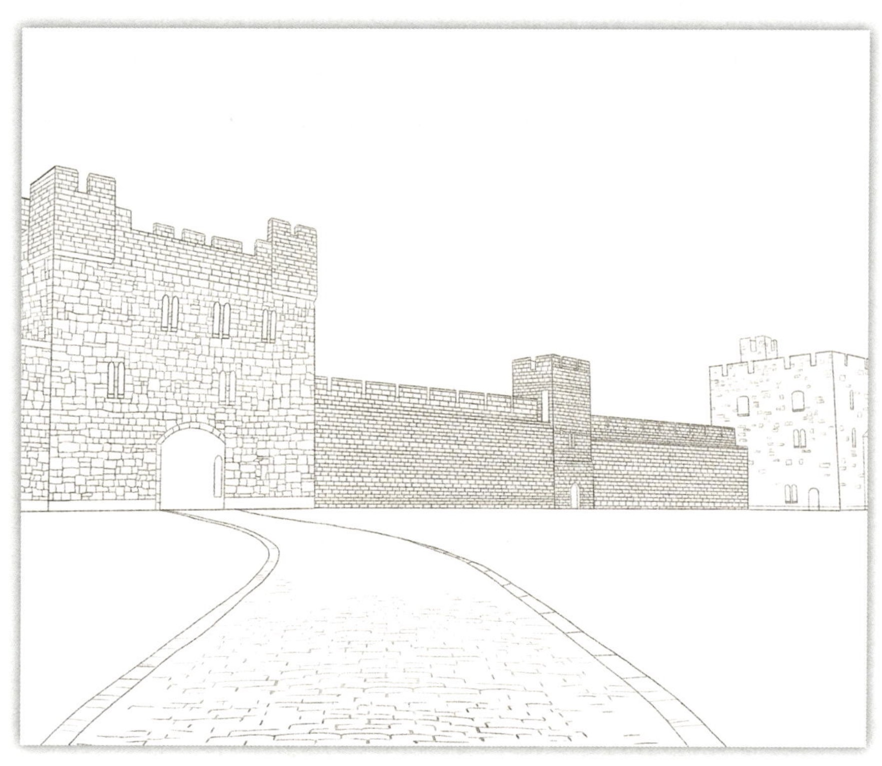

GEWUSST, WIE!

Vergiss beim Einfügen der Figuren nicht, dass du sie nun zum ersten Mal nebeneinander darstellen musst! Sie müssen in Proportion zueinander sein. Das bedeutet, dass Hermine Ron nicht überragen sollte, und Dumbledore sollte im Vergleich zu Professor McGonagall nicht wie ein Winzling aussehen.

SCHATTEN UND DETAILS

Wenn du mit dem Hintergrund zufrieden bist, kannst du deiner Zeichnung mit Schatten Struktur und räumliche Wirkung verleihen. Gestalte die Fensteröffnungen dunkel, um Tiefe zu erzeugen, und schattiere die linke Seite der Maueröffnung, damit sie am Eingang heller erscheint.

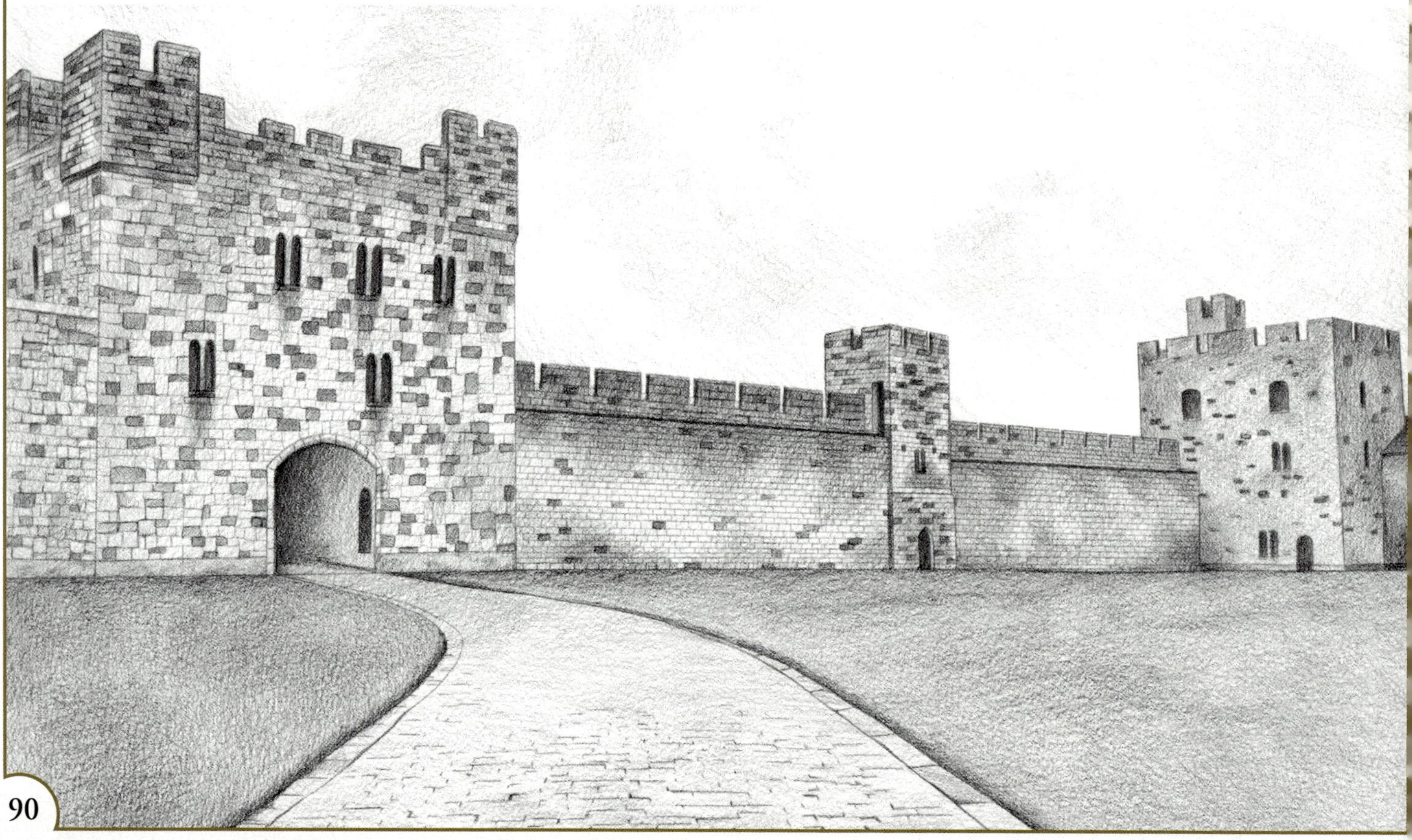

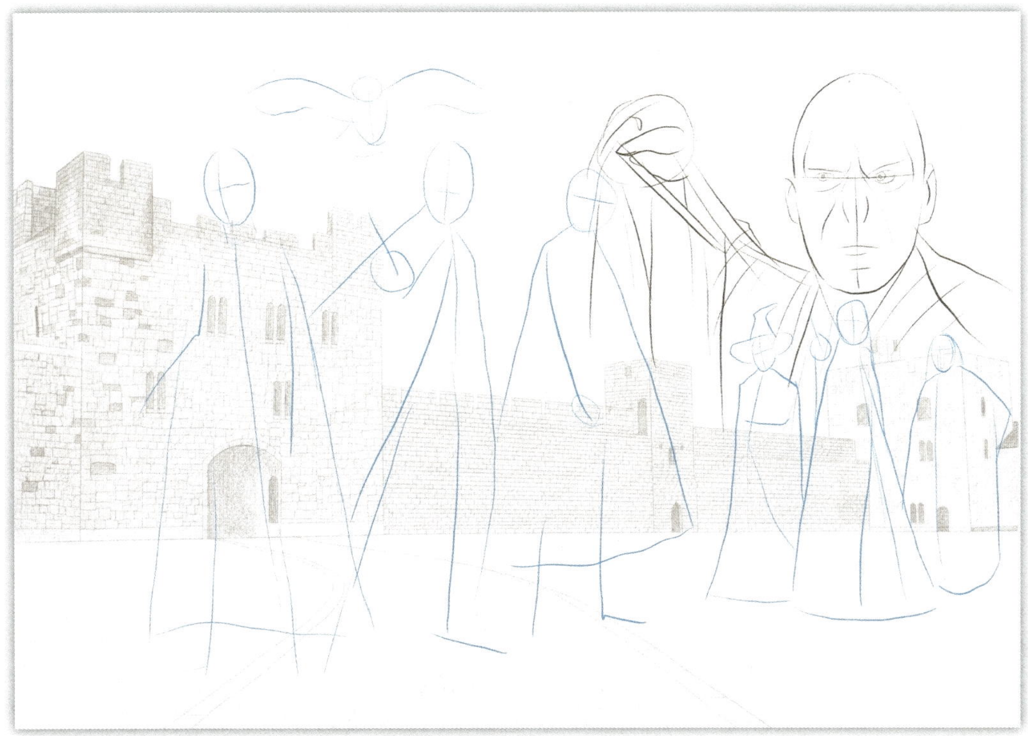

KOMPOSITION

Achte beim Einfügen der Figuren darauf, dass die Lichtquelle für alle dieselbe ist. Daher musst du die Figuren, die du bereits gezeichnet hast, womöglich etwas anpassen. (Sorge auch dafür, dass sie einander nicht auf die Füße treten!)

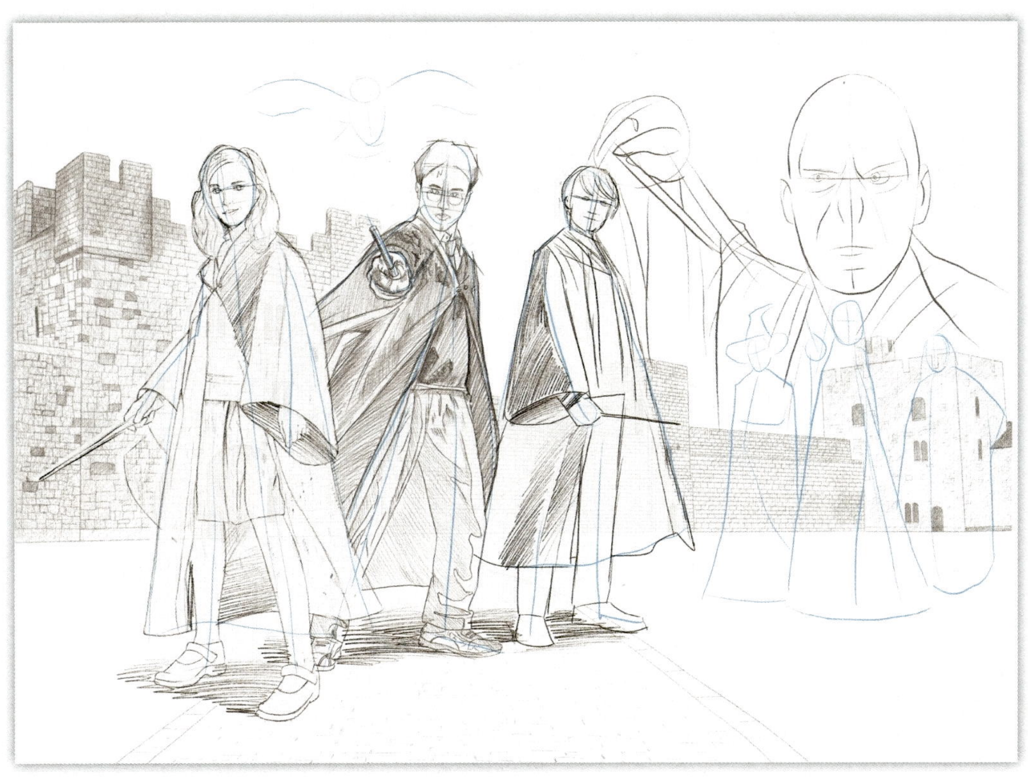

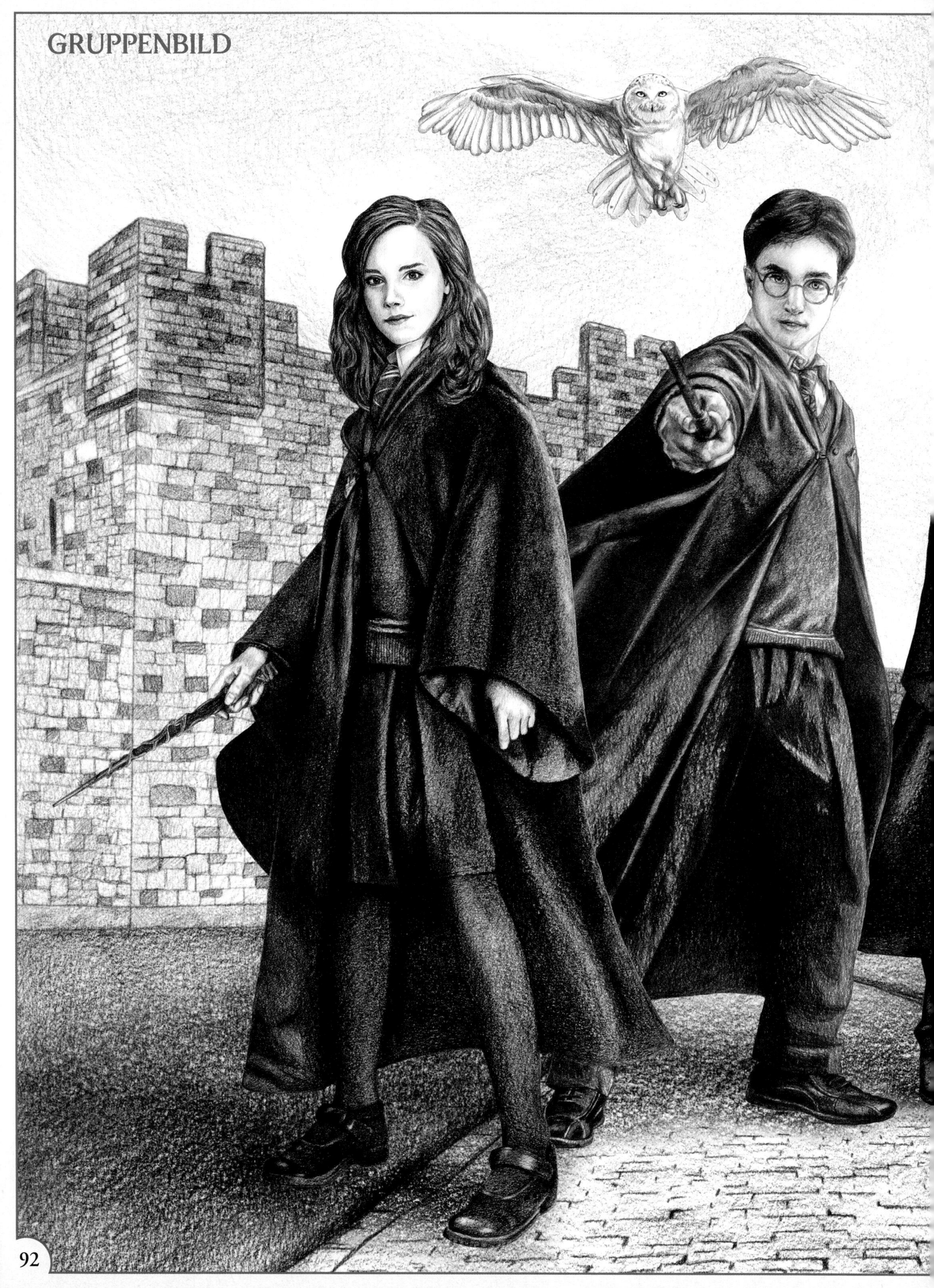
GRUPPENBILD

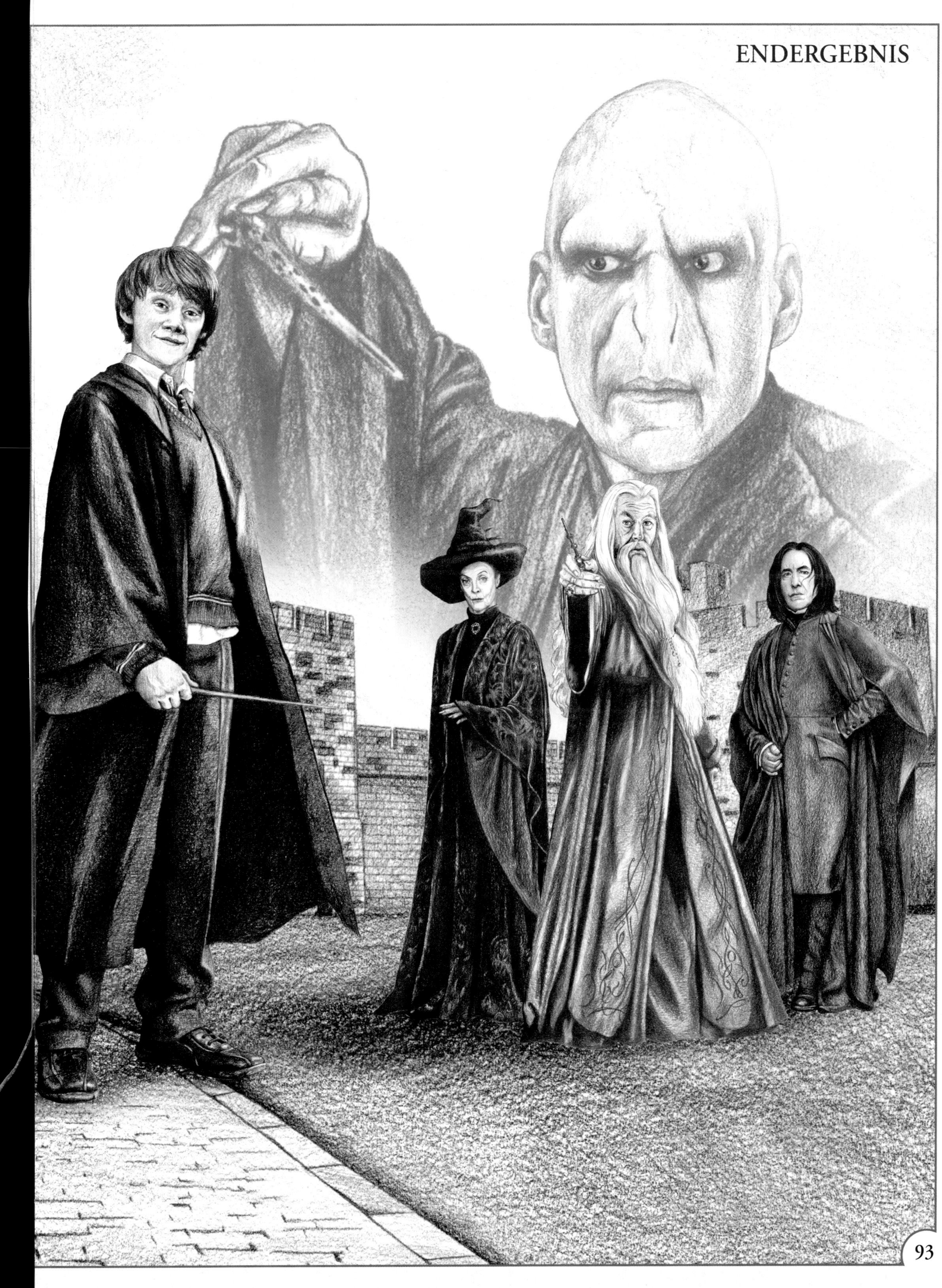

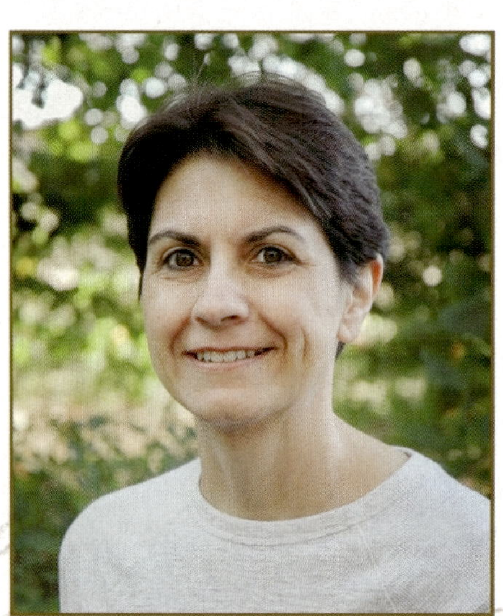

Corina St. Martin ist Fantasy-Künstlerin, Bildhauerin und Kinderbuchillustratorin mit einem Abschluss in Grafikdesign an der School of Advertising Art in Kettering, Ohio. Sie wurde in Rockledge, Florida, geboren und wuchs in Florida und im Süden von Wisconsin auf. Nach mehreren Umzügen landete sie mit ihrer Partnerin Julie und ihren halbdomestizierten Wildtieren in Richmond, Indiana. Seit über zwanzig Jahren ist Corina in unterschiedlichen Kunstbereichen tätig. In ihrer Arbeit spielen Tiere eine wesentliche Rolle. Ihre Faszination für die unterschiedlichen Lebensformen unseres Planeten wurde schon früh durch Ausflüge in Zoos, Aquarien, Naturkundemuseen und zum Meer sowie durch die großelterlichen Zeitschriftenabos des *National Geographic* und *Smithsonian Magazine* geweckt. Diese magischen Orte, Bücher und Zeitschriften beflügelten sie, in die Welt der Fantasie einzutauchen.

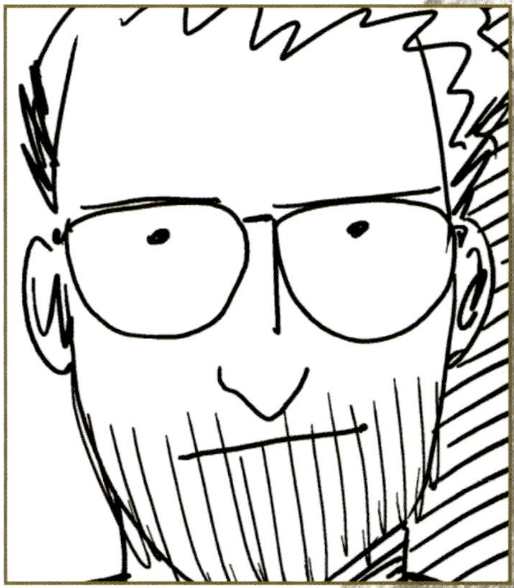

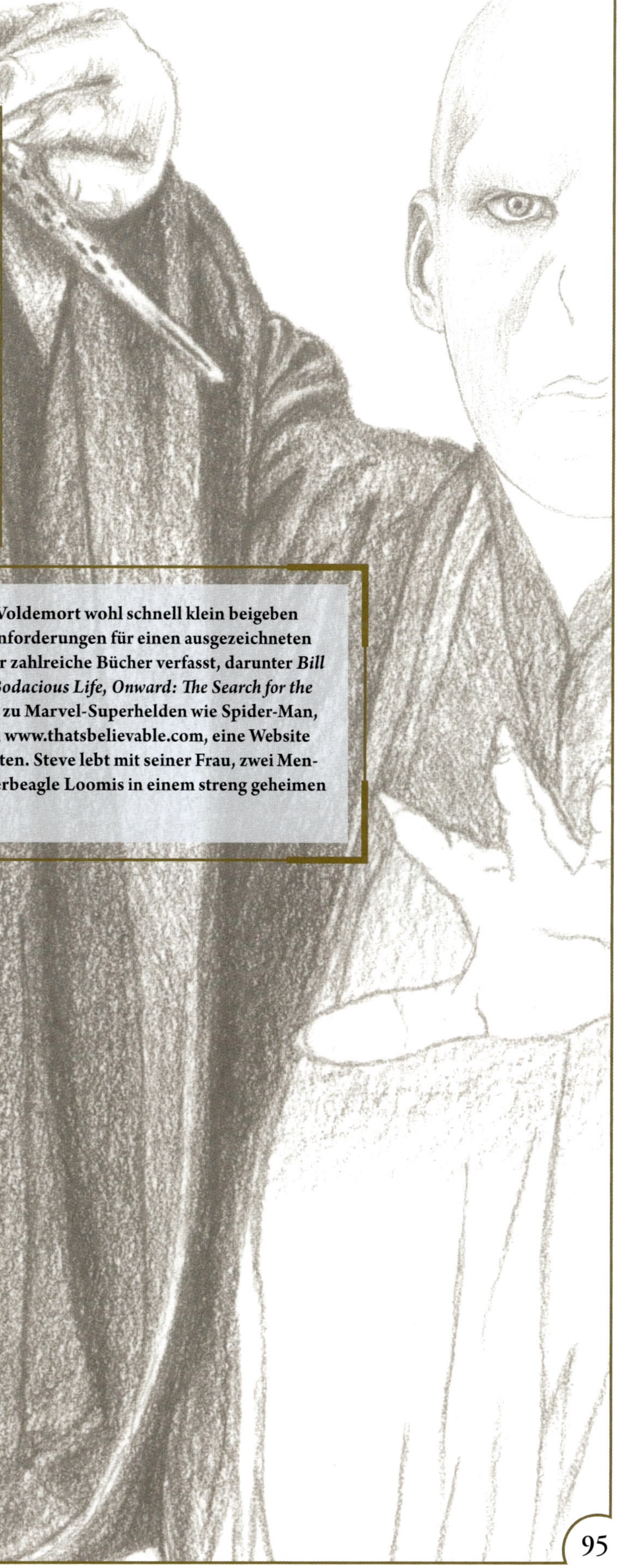

DER AUTOR

Steve Behling würde im Kampf gegen Lord Voldemort wohl schnell klein beigeben müssen, doch verfügt er über alle nötigen Anforderungen für einen ausgezeichneten Quidditch-Zuschauer. Darüber hinaus hat er zahlreiche Bücher verfasst, darunter *Bill & Ted's Excellent Adventure: The Guide to a Bodacious Life, Onward: The Search for the Phoenix Gem* und einige Zeichenlehrbücher zu Marvel-Superhelden wie Spider-Man, Iron Man und den X-Men. Er unterhält auch www.thatsbelievable.com, eine Website mit allerlei Erfundenem und schrägen Inhalten. Steve lebt mit seiner Frau, zwei Menschenkindern und dem dreibeinigen Wunderbeagle Loomis in einem streng geheimen unterirdischen Unterschlupf.

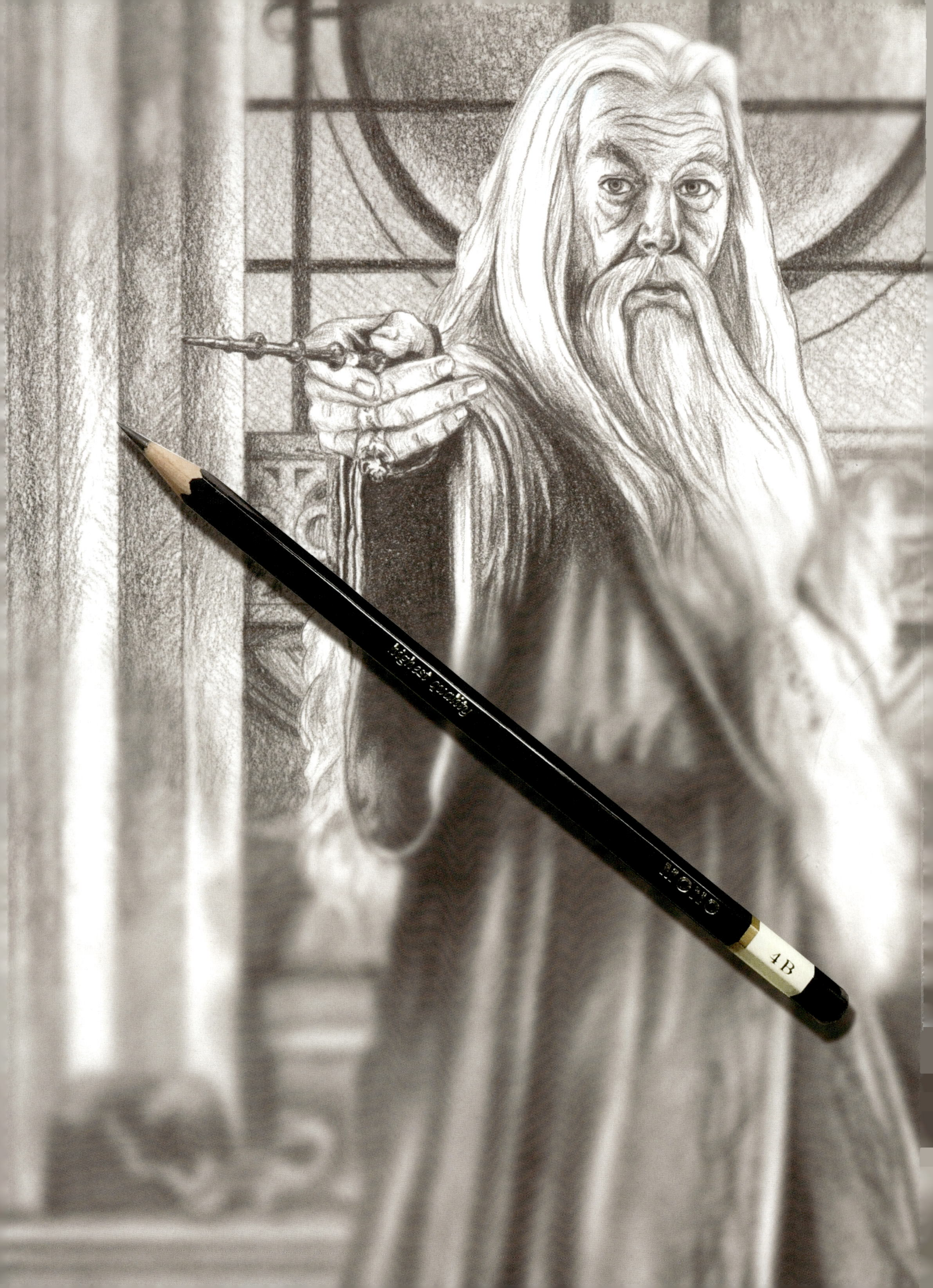
highest quality
MONO
4B